GLUTENFREI BACKEN

mit Jörg Hecker

HAFTUNGSAUSSCHLUSS

Die in diesem Buch enthaltenen Informationen und Rezepte zur glutenfreien Küche wurden mit größter Sorgfalt und nach bestem Wissen und Gewissen zusammengestellt. Dieses Buch dient ausschließlich zu Informationszwecken und ersetzt nicht die Beratung durch qualifizierte Personen.

Die Autoren sowie der Verlag übernehmen keine Haftung für Unverträglichkeiten, gesundheitliche Probleme oder Schäden, die direkt oder indirekt aus dem Gebrauch der in diesem Buch enthaltenen Informationen entstehen könnten. Personen, die an Zöliakie oder anderen glutenbezogenen Erkrankungen leiden, sollten vor der Anwendung der Rezepte ärztlichen Rat einholen.

Es wird keine Garantie für die Vollständigkeit oder Richtigkeit der Informationen übernommen. Die Nutzung der Rezepte und Informationen erfolgt auf eigenes Risiko.

IMPRESSUM

Jörg Hecker

Glutenfrei Backen mit Jörg Hecker – Einfach, lecker, gesund

3. Auflage 2026

ein Imprint der Kraterleuchten GmbH, Gartenstraße 3, 54550 Daun
Verlagsleitung: Sven Nieder

Fotos: Oliver Götz, Archiv Jörg Hecker (S. 4)
Gestaltung, Satz, Umschlag: Björn Pollmeyer
Lektorat & Korrektorat: Tim Becker

Gedruckt in der Europäischen Union, Finidr, CZ

FSC www.fsc.org MIX Papier aus verantwortungsvollen Quellen FSC® C014138

ISBN 978-3-95540-394-2
www.regionalia-apart.de

Jörg Hecker

GLUTENFREI BACKEN

mit Jörg Hecker

EINFACH,
LECKER,
GESUND

REGIONALIA
apart

DANKE

Ich widme dieses Backbuch meiner lieben Frau Sonja.

Ohne sie würde es bei mir kein glutenfreies Backen geben. Erst durch ihre Diagnose fing alles an. Aus Liebe zu ihr habe ich mich komplett spezialisiert und viele Rezepte entwickelt. Ohne sie würde es das alles gar nicht geben.

Auch unser Sammy ist glutenunverträglich und profitiert daher ebenfalls davon.

INHALT

Vorwort ... 13
Über mich ... 14

GRUNDLEGENDES

Welche Mehle sind glutenfrei? ... 19
Das verwende ich in meinen Teigen ... 20
Welches Mehl kann durch welches andere Mehl ersetzt werden? ... 22
Ersatz für vegane Variationen ... 23

BROTE

Baguette Le Petit ... 27
Buttermilch-Quarkbrot ohne Hefe ... 28
Jörgs Sonne ... 30
Kartoffelbrot ... 33
Komissbrot ... 34
Mehrkornbrot ... 37
Rheinisches Schwarzbrot ... 38
Rusti-Baguette ... 41
Rustikales Bauernbrot ... 42
Rustikales Joghurtbrot ... 44
Walnussbrot ... 47
Wurzelbaguette ... 49

BRÖTCHEN

Frühstücksbrötchen ... 53
Körnerbrötchen ... 54
Kornspitzstangen ... 57
Käsebrötchen ... 58
Omas Weckle ... 61
Römerbrötchen ... 62
Sonnenblumenecken ... 64
Brötchen mit Übernachtgare ... 67
Elsässer Brötchen ... 68

GRUNDTEIGE

Mürbeteig (vegan) ... 72
Öl-Quarkteig ... 73
Öl-QuarkTeig (vegan) ... 74
Öl-QuarkTeig pikant ... 75
Pizzateig ... 76
Nussfüllung für Teilchen oder Zopf ... 78
(Nuss-)Streusel ... 79

KLEINGEBÄCK

Amerikaner ... 83
Hildataler ... 84
Marzipan-Mandelstangen ... 87
Kokos-Orangen-Muffins ... 88
Mohnstrudel ... 91
Nougattaler ... 92
Quark-Apfeltaler ... 95
Schoko-Eclairs ... 97
Windbeutel ... 98
Schoko-Muffins ... 101
Kirschstreuseltasche ... 102

KLEINES SÜSSES

Cashew-Cookies ... 107
Mandel-Orangen-Buchweizen-Kekse ... 108
Shortbread-Crunch ... 111
Softe Waffeln ... 112
Walnuss-Cookies ... 115

KUCHEN

Badischer Rahmkuchen ... 119
Biskuit-Obstboden ... 120
Buttermilch-Joghurt-Kirschkuchen ... 123
Heller Biskuitboden ... 124
Dunkler Biskuitboden ... 126
Gourmet Käsekuchen ... 129
Haselnuss-Birnen-Käsekuchen ... 130
Quark-Mandarinenkuchen ... 133
Mandel-Biskuitboden ... 135
Kirsch-Streusel ... 136
Johannisbeer-Nuss-Baiser ... 139
Mandel-Apfel-Streuselkuchen ... 140
Nusszopf ... 143
Omas Käsekuchen ohne Boden ... 145
Tiroler-Nuss-Biskuitboden ... 146
Tiroler Nusstorte ... 149
Ungarischer Apfelkuchen ... 150
Ungarischer Kirschkuchen ... 153

DEFTIGE SNACKS

Gebackene Hotdogs ... 156
Vorgebackene Pinsaböden ... 159
Schinken-Käse-Hörnchen ... 163
Speck-Käsestangen ... 166
Calzone ... 169
Zwiebelkuchen-Tartelettes ... 172

VORWORT

Wenn Ihr Euch in die Welt glutenfreien Backens hineinbegebt, erlebt Ihr eine eigene Philosophie. Denn Vieles, das Ihr im Umgang mit herkömmlichen Mehlen einst gelernt habt, könnt Ihr hier nicht mehr anwenden. Vor allem der andere Umgang mit den Teigen unterscheidet sich beim Backen deutlich.

Gern gebe ich Euch mit meinem Buch Hilfestellung und erkläre Schritt für Schritt was zu tun ist, damit Ihr rasch zu den schönsten Ergebnissen kommt. Ich zeige Euch, wie Ihr Mehle mischt, um ihre besten Eigenschaften zu nutzen. Denn ihre Flüssigkeitsaufnahme, Bindefähigkeit, Backeigenschaften und Griffigkeit sind jeweils verschieden. So schleimen Leinsamenmehl, Buchweizenmehl und Hirse sehr kräftig. Sie nehmen mehr Flüssigkeit auf und geben allein deshalb schon eine bessere Elastizität. Stärkemehle wie Kartoffelmehl, Maismehl und auch Reismehl benötigen wiederum etwas mehr Flüssigkeit, um die Bindekraft beim Erhitzen auszugleichen. Diese wird auch durch die Zugabe von Flohsamenschalenpulver erreicht.

Stärkemehle verwende ich gerne bei hellen Teigen wie Brötchen, Hefeteigen usw., bei dunkleren Teigen für Brote verzichte ich zum Teil auf sie, da die Brote meist im Kasten gebacken werden.

Ihr seht, es gibt Einiges zu beachten. Und: Jedes Mehl hat seinen eigenen Geschmack. Findet für Euch heraus, was Ihr mögt und auch vertragt.

Viel Erfolg und Freude beim Backen wünscht Euch Euer

Jörg Hecker

ÜBER MICH

Mein Name ist Jörg Hecker und ich bin gelernter Konditormeister. Meine Ausbildung genoss ich auf einer der weltbesten Meisterschulen: 1993 durfte ich meinen Meisterbrief an der Konditoren-Meisterschule in Köln bei meinem Lehrmeister Kurt Schindler machen.

Meine Lehre machte ich in einem der besten Cafés Karlsruhes, dem Café Mozart. Von dort aus ging es über einige Stationen in kleineren und größeren Betrieben von Karlsruhe nach Nordrhein-Westfalen. Egal, wo ich als Angestellter arbeitete, mein Beruf hat mir immer sehr viel Spaß gemacht.

Früher habe ich ausschließlich herkömmlich gebacken. Mit dem Thema »Glutenunverträglichkeit« kam ich nie in Berührung, ich kannte das Wort nicht einmal. Erst als meine zweite Frau Sonja 2012 die Diagnose Zöliakie erhielt, begann ich damit, mich einzulesen.

Für sie brach eine Welt zusammen, mit vielen Tränen und der Befürchtung, sie könne nie mehr normal essen. Für mich war das der Ansporn, ihr Dinge zu backen, die glutenfrei sind.

Zunächst ging ich recht unbedarft an die Sache heran und dachte: »Ach, das kann ja nicht so schwer sein! Etwas glutenfreies Mehl nehmen, und los geht's ...« Jedoch wurde ich sofort eines Besseren belehrt. Die ersten Backversuche waren miserabel – und das ist noch sehr harmlos ausgedrückt: Ich backte Backsteine. Leider wurde es auch nach 12 Monaten nicht besser und ich hätte mit all meinen Versuchen schon ein komplettes Haus bauen können. Ich war verzweifelt.

Nach langem Überlegen und der Frage: »Wie kann ich es besser machen, wo liegt der Fehler?«, fing ich an, anstatt Brot und Brötchen Kuchen zu backen. Mal war es okay, was ich backte, mal war es wieder – wie immer – zu fest. Was machte ich bloß falsch? Warum wurde das Zeug bloß so elend hart?

Mein Ehrgeiz ließ nicht nach. Und so gelang mir durch einen glücklichen Fehler das erste gute Gebäck: Ich hatte zu viel Flüssigkeit in den Teig gegeben. »Wegschmeißen geht nicht«, dachte ich, und backte es in einer Form. Und siehe da: es war weicher. »Hmmm«, fragte ich mich, »... ist das die Lösung?!«

So fing ich an, die Rezepte etwas weicher zu machen. Ich fand heraus, dass ich durch die Zugabe von Quark, Joghurt, Buttermilch und Sahne die Teige schöner hinbekomme. So entstand das erste gute Rezept, auf das ich sehr stolz war.

Nun konnte es losgehen! Es kam ein Rezept nach dem anderen hinzu. Meine Frau wünschte sich etwas und ich machte es ihr.

Eines Tages überlegte ich mir: »Mach doch eine Facebookgruppe auf. Dann kann jeder Deine Rezepte sehen und einfach nachbacken«. Zunächst dachte ich, da kommen bestimmt nicht so viele Menschen rein, alles gut. Aber mit der Zeit stieg die Mitgliederzahl gewaltig an.

Eines Tages waren wir in München und meine Frau äußerte den Wunsch: »Lass uns doch ins Café Schenkel fahren. Die haben alles glutenfrei und es ist auch nicht so weit.« Gesagt, getan. Es war ein Paradies für sie. Sie konnte einfach, wie sie immer so schön zu sagen pflegt, »ein normales Mädchen« sein. Sie genoss ihren Kuchen und ihre Käsespätzle. Am Nebentisch saß eine Familie mit einem kleinen Kind. Wir kamen ins Gespräch und stellten fest, wir wohnen gar nicht so weit voneinander entfernt. Irene hieß die Mutter und sie sagte dann aus Spaß: »Gib doch Kurse! Das hilft uns allen!«

So entstand durch Zufall meine Firma. Ich gab Kurse und entwickelte weiter neue Rezepte. Meine Facebookgruppe wuchs und wuchs und – Schwupps – waren wir bei über 10.000 Mitgliedern.

Dennoch störte mich etwas. Ich verwendete immer noch die fertigen, industriellen Mehlmischungen. Das gefiel mir nicht, denn in ihnen kommen Zutaten zum Einsatz, die ich nicht möchte. So fing ich an, mit eigenen Mehlen zu backen, die ich selbst mischte. Bei einem Hersteller fand ich auch alle Mehle in Bio Demeter Qualität. Nun war meine Idee geboren, alle Rezepte ohne Zusätze zu backen, allein mit Bio-Mehlen. Zudem wollte ich zeigen, wie etwas vegan geht, wie man Mehle ersetzt, wie man auf mehrere Unverträglichkeiten oder Allergien reagieren kann.

So entstand dieses wunderbare Backbuch, von dem ich hoffe, dass es Euch Freude macht!

GRUNDLEGENDES

WELCHE HEFE VERWENDE ICH?

Ich rate Euch stets zu frischer Hefe. Sie ist ein Naturprodukt und muss nicht erst getrocknet, verpackt und lange haltbar gemacht werden.

WIE VERWENDE ICH DIE HEFE?

Bitte aktiviert die Hefe immer vorher. Verrührt sie in Wasser mit Zucker und lasst sie abgedeckt stehen. Bildet sich nach etwa 10–15 Minuten ein leichter weißer Schaum oder Film, ist die Hefe aktiv und gut. Tut sich nach 20 Minuten noch nichts, ist die Hefe nicht mehr gut und Ihr schüttet sie weg.

WIE LANGE KNETE ICH TEIGE?

Für glutenfreie Teige merkt Euch einfach: je kürzer, desto besser. Je länger Ihr sie knetet, umso weicher wird der Teig. Das merkt Ihr spätestens dann, wenn Euch der Teig an den Fingern kleben bleibt. Ich rate stets zu ½–1 Minute im langsamen Gang und ca. 3½–4 Minuten im mittleren Gang. Dies gilt für Teige mit Hefe. Knetet die anderen immer im langsamen Gang.

MUSS ICH DIE MEHLE MISCHEN?

Ja, dies ist wichtig und notwendig. Bevor Ihr Flüssiges zum Mehl gebt, mischt alles, wie in meinen Rezepten beschrieben, sorgfältig in einer Rührschüssel.

KANN ICH AUCH EINFACH ANDERE MEHLE NEHMEN?

Bitte verwendet die Mehle, wie ich sie in meinen Rezepten angebe. Jede Abweichung oder Veränderung der Zutaten ergibt ein anderes Ergebnis, das dann womöglich nicht zufriedenstellend ist.

WELCHE MEHLE SIND GLUTENFREI?

IN MEINEN REZEPTEN KOMMEN FOLGENDE MEHLE ZUM EINSATZ:

- Braunhirsemehl Vollkorn
- Buchweizenmehl Vollkorn
- Hafermehl Vollkorn
- Kastanienmehl
- Kokosmehl
- Mandelmehl
- Helles Reismehl
- Vollkorn-Reismehl
- Kichererbsenmehl
- Kartoffelmehl

Ich verzichte komplett auf Maismehl, da es viele Menschen nicht vertragen.

DIESE MEHLE SIND GLUTENFREI:

Mehle aus dem ganzen Korn:

- Vollkornreismehl
- Braunes Reismehl
- Buchweizenmehl
- Chia-Mehl
- Erdmandelmehl
- Hafermehl (glutenfrei gekennzeichnet)
- Hirsemehl
- Goldhirsemehl
- Leinsamenmehl
- Maismehl
- Quinoamehl
- Sorghum-Mehl (Sorghumhirse)
- Teffmehl (Zwerghirse)

Helle Mehle:

- Klebreismehl (süßes Reismehl)
- Süßkartoffelmehl
- Weißes Reismehl
- Kichererbsenmehl
- Sojamehl

Mehle mit Stärkeanteil:

- Kartoffelmehl (Kartoffelstärke)
- Maisstärke (Speisestärke)
- Pfeilwurzmehl (Marantamehl)
- Tapiokamehl (Tapiokastärke)

Mehle aus Nussorten:

- Erdnussmehl
- Haselnussmehl
- Kastanienmehl (Maronenmehl)
- Cashewnussmehl
- Sonnenblumenmehl
- Kokosmehl
- Mandelmehl
- Walnussmehl

DAS VERWENDE ICH IN MEINEN TEIGEN

Neben den herkömmlichen glutenfreien Mehlen kommen in meinen Rezepten drei weitere Zutaten zum Einsatz, die essenziell sind:

- Xanthan
- Guarkernmehl (kann als Xanthanersatz genommen werden)
- Flohsamenschalenpulver

XANTHAN

Xanthan ist ein natürliches Polysaccharid, das durch Fermentation von Zucker mit Hilfe bestimmter Bakterienstämme hergestellt wird. Es zeichnet sich durch seine außergewöhnliche Fähigkeit aus, Wasser zu binden und dabei viskose Lösungen zu bilden. Dadurch eignet es sich optimal als Verdickungsmittel und Emulgator.

Besonders interessant ist jedoch sein Beitrag zur Entwicklung glutenfreier Alternativen im Bereich des Bäckerei-Handwerks. Hier ermöglicht Xanthan den Teigen ohne Glutenzusatz ihre Elastizität beizubehalten und somit köstliches Gebäck hervorzubringen.

In vielen Lebensmitteln kommt Xanthan zum Einsatz – sei es als Bindemittel für Saucen oder Dressings, zur Verbesserung der Textur von Backwaren oder auch als stabilisierender Bestandteil in Eiskreationen. Durch seine Eigenschaften sorgt es nicht nur für eine angenehmere Konsistenz, sondern verlängert auch die Haltbarkeit dieser Produkte.

In Bezug auf die Gesundheit gibt es keine bekannten negativen Auswirkungen von Xanthan auf den menschlichen Körper. Es wird von vielen renommierten Organisationen wie der Europäischen Behörde für Lebensmittelsicherheit (EFSA) und der US-amerikanischen Food and Drug Administration (FDA) als sicher eingestuft. Menschen mit Allergien oder Unverträglichkeiten gegenüber Xanthan sollten allerdings Vorsicht walten lassen und Produktetiketten gründlich lesen.

GUARKERN-MEHL

Guarkernmehl kann als Ersatz von Xanthan verwendet werden und ist ein wertvoller Begleiter in der glutenfreien Küche. Es wird aus den Samen der Guarbohne gewonnen und besitzt eine hohe Quellfähigkeit sowie eine starke Bindungskraft.

Das Besondere an Guarkernmehl ist seine vielfältige Verwendbarkeit in der Küche. Es eignet sich hervorragend als Verdickungsmittel für Saucen, Suppen und Desserts. Aufgrund seiner Fähigkeit, Flüssigkeiten zu binden und Viskosität zu verleihen, kann es auch beim Backen verwendet werden, um Teige geschmeidiger zu machen und ihnen mehr Volumen zu geben.

Ein weiterer großer Pluspunkt von Guarkernmehl ist seine neutralere Geschmacksnote im Vergleich zu anderen glutenfreien Bindemitteln wie beispielsweise Maismehl oder Kartoffelstärke. Dadurch beeinträchtigt es den Geschmack der Gerichte nicht negativ.

Guarkernmehl ist ein echtes Multitalent, das es zu entdecken lohnt.

FLOHSAMEN-SCHALEN-PULVER

Flohsamenschalen sind die Samenschalen der Pflanze Plantago ovata aus der Gattung der Wegeriche, die auch als Flohsamen bekannt ist. Diese Schalen enthalten viele Ballaststoffe und quellen bei Kontakt mit Flüssigkeit stark auf, wodurch sie eine gelartige Konsistenz erhalten.

Flohsamenschalen sind bekannt für ihre verdauungsfördernden Eigenschaften, da sie helfen können, den Stuhlgang zu regulieren und Verstopfung zu lindern. Da sie viel Wasser binden können, tragen sie auch dazu bei, den Darm vorzufüllen und ein Sättigungsgefühl zu erzeugen, was bei der Gewichtskontrolle hilfreich sein kann.

Darüber hinaus können Flohsamenschalen auch den Cholesterinspiegel senken, da sie sich an die im Darm vorhandenen Gallensäuren binden und so deren Absorption verringern. Dies kann sich positiv auf die Herzgesundheit auswirken.

Bei der Einnahme von Flohsamenschalen sollte jedoch darauf geachtet werden, ausreichend Flüssigkeit zu trinken, da sonst Verstopfung auftreten kann. Aufgrund ihrer starken Quelleigenschaften können sie auch zu Magenbeschwerden oder Blähungen führen, insbesondere wenn sie in zu großer Menge konsumiert werden.

Flohsamenschalen gelten als sicher für die meisten Menschen, aber es ist immer ratsam, vor der Einnahme einen Arzt zu konsultieren, insbesondere wenn man an bestimmten gesundheitlichen Problemen wie Diabetes oder Darmobstruktion leidet.

WELCHES MEHL KANN DURCH WELCHES ANDERE MEHL ERSETZT WERDEN?

Nicht jedes Mehl könnt Ihr durch ein beliebiges ersetzen, da die Eigenschaften der Mehle wie Saugfähgkeit, Griffigkeit, Schlemmverhalten usw. unterschiedlich sind. Daher nenne ich Euch einige geeignete Ersatzmehle:

HAFERMEHL ➲ Reisvollkornmehl, Buchweizenmehl, Braunhirsemehl, Teffmehl

BUCHWEIZENMEHL ➲ Braunhirsemehl, Hafermehl, Teffmehl

REISVOLLKORNMEHL ➲ Reismehl, Goldhirsemehl, Sorghummehl

BRAUNHIRSEMEHL ➲ Buchweizenmehl, Teffmehl, Hafermehl

TEFFMEHL ➲ Braunhirsemehl, Buchweizenmehl, Hafermehl

LEINSAMENMEHL ➲ Buchweizen, Teffmehl, Hafermehl, Braunhirsemehl, Kastanienmehl

KARTOFFELMEHL ➲ Maismehl

REISMEHL, HELL ➲ Reisvollkornmehl, Sorghummehl, Goldhirsemehl

KASTANIENMEHL ➲ Leinsamenmehl, Teffmehl, Braunhirsemehl

ERSATZ FÜR VEGANE VARIATIONEN

Wenn Ihr meine Rezepte vegan umsetzen möchtet, könnt Ihr die Zutaten wie folgt ersetzen:

BUTTERMILCH ➲ ⅔ vegane Joghurtvariante und ⅓ Pflanzenmilch (auf Soja-, Hafer-, Mandelbasis etc.) *oder* 220 g vegane Milch nehmen, 10 g Zitronensaft zu geben und über Nacht in den Kühlschrank stellen

MILCH ➲ Pflanzenmilch, die man gerne selbst mag

BUTTER ➲ vegane Butteralternative, Margarine

JOGHURT ➲ vegane Joghurtvariante

QUARK ➲ vegane Quarkvariante

EIER ➲ Apfelmus, pro Ei 35 g austauchen (es empfiehlt sich auch Banane zerdrückt, pro Ei 40–45 g). **Bitte beachtet hier:** Die Austauschvarianten lassen sich nicht aufschlagen. Daher ist damit Biskuit nicht machbar.

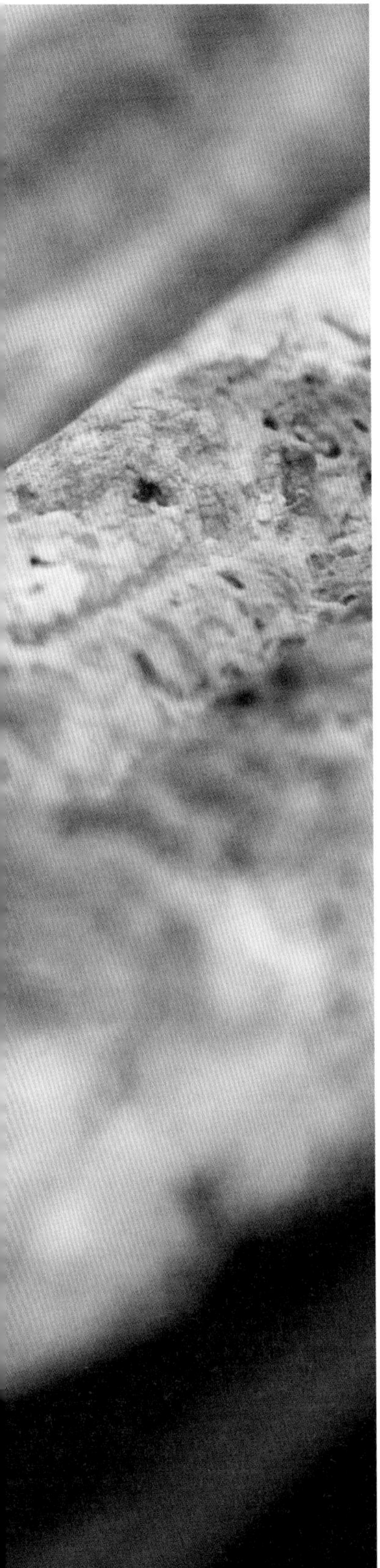

BROTE

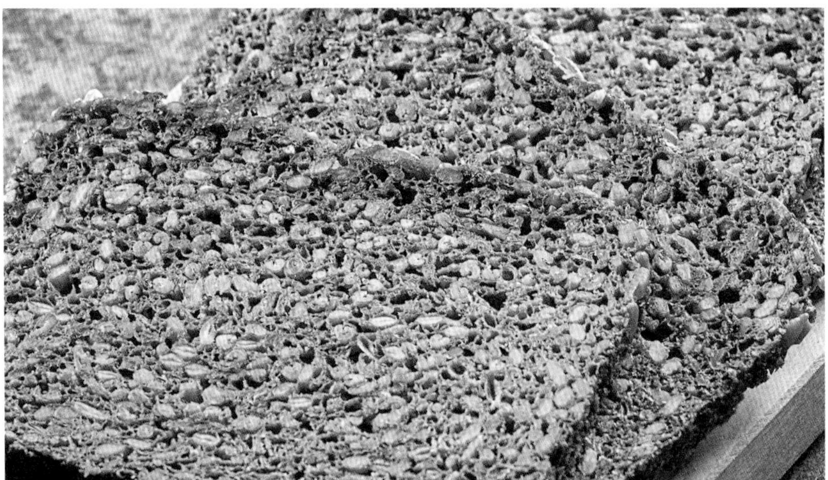

GLUTENFREI MAISFREI VEGETARISCH EIFREI

DURCH PRODUKT-AUSTAUSCH: LACTOSEFREI VEGAN

BAGUETTE LE PETIT

ZUTATEN

FÜR 2 BAGUETTES

150 g Kartoffelmehl
75 g Reisvollkornmehl
75 g Reismehl Hell
25 g Buchweizenmehl (alternativ Hirsemehl)
25 g Hirsemehl
50 g Tapiokamehl
25 g frische Hefe
oder 9 g Trockenhefe
8 g Salz
10 g Zucker
18 g Flohsamenschalenpulver
4 g Xanthan
260 g Wasser
100 g Buttermilch (alternativ lactosefrei oder vegan)

SCHRITTE

1. Hefe mit Zucker und Wasser mischen und stehen lassen.
2. Mehle, Flohsamen, Xanthan und Salz trocken mischen.
3. Zur Mehlmischung die Buttermilch und das Hefewasser geben.
4. In der Rührmaschine 1 Minute langsam vermischen, zusammenkratzen und dann 4 Minuten im mittleren Gang laufen lassen. Abgedeckt in einer Schüssel 5–10 Minuten stehen lassen.
5. 1 Backblech mit Backpapier auslegen oder ein Baguetteblech nehmen.
6. Auf eine mit Buchweizenmehl bestreute Arbeitsfläche geben und in 2 Stücke abteilen. Diese rund formen und etwas länglich machen.
7. Aus dem Teigstück ein Baguette formen, in etwas Buchweizenmehl wälzen und auf das Backblech legen.
8. Abgedeckt aufgehen lassen, ca. 30–40 Minuten.
9. Nach ca. 25 Minuten mit einem scharfen Messen in der Mitte einschneiden und weiter gehen lassen.

SO WIRD GEBACKEN

Ofen auf 220 °C Umluft aufheizen. Blech in den Ofen und 32–35 Minuten backen. Abkühlen lassen.

TIPP

WER'S VEGAN ODER LACTOSEFREI MÖCHTE UND KEINE VEGANE BUTTERMILCH HAT, MISCHT ⅔ VEGANEN JOGHURT MIT ⅓ PFLANZENMILCH (NACH WAHL).

GLUTENFREI MAISFREI VEGETARISCH EIFREI

DURCH PRODUKT-AUSTAUSCH: LACTOSEFREI VEGAN

BUTTERMILCH-QUARKBROT OHNE HEFE

ZUTATEN

FÜR 1 RUNDES BROT

200 g Magerquark
50 g Buttermilch
30 g Öl
170 g kaltes Wasser
125 g Kartoffelmehl
40 g Tapiokamehl
65 g Vollkornreismehl
50 g Buchweizenmehl (durch Braunhirsemehl ersetzbar)
20 g Leinsamenmehl
1,5 Päckchen Backpulver
7 g Salz
10 g Flohsamenschalenpulver
4 g Xanthan

SCHRITTE

1. Mehle mit Salz, Backpulver, Flohsamenschalenpulver und Xanthan mischen.
2. Die restlichen Zutaten dazugeben und im langsamen Gang 30 Sekunden und dann 3,5 Minuten im mittleren Gang kneten. Zwischendurch zusammenkratzen. Bitte schauen, dass der Teig nicht zu fest ist. Lieber etwas Flüssigkeit zugeben.
3. Abgedeckt ca. 15 Minuten vor der Weiterverarbeitung ruhen lassen.
4. Vor der Weiterverarbeitung kurz in Reismehl rund durchkneten.
5. Auf ein mit Backpapier ausgelegtes Blech legen und abgedeckt 15 Minuten ruhen lassen.

SO WIRD GEBACKEN

Ofen auf 210 °C Umluft aufheizen. Das Brot 20 Minuten backen und dann die Hitze auf 190 °C herunterdrehen und weitere 35–40 Minuten backen.

TIPP

WER ES VEGAN HABEN MÖCHTE, ERSETZT QUARK UND BUTTERMILCH DURCH VEGANE VARIANTEN.

GLUTENFREI MAISFREI VEGETARISCH EIFREI

DURCH PRODUKT-AUSTAUSCH: LACTOSEFREI VEGAN

JÖRGS SONNE

ZUTATEN

FÜR 1 RUNDES ODER LANGES BROT

Für das Brühstück

50 g Sonnenblumenkerne mit heißem Wasser in einer Schüssel quellen lassen. Nach 1 Stunde abkippen.

Für den Teig

60 g Magerquark (alternativ lactosefrei oder vegan)
240 g Wasser
100 g Kartoffelmehl
25 g Reismehl
50 g Vollkornreismehl
25 g Buchweizenmehl
10 g Leinsamenmehl
50 g glutenfreies Hafermehl
28 g frische Hefe
oder 9 g Trockenhefe
10 g Zucker
7 g Salz
12 g Flohsamenschalenpulver
4 g Xanthan

SCHRITTE

1. Mehle mit Salz, Flohsamenschalenpulver und Xanthan mischen.
2. Hefe mit dem Zucker und Wasser mischen und stehen lassen, bis sich leichte Bläschen bilden.
3. Zur Mehlmischung den Quark, die abgetropften Sonnenblumenkerne und das Hefewasser zugeben.
4. 30 Sekunden langsam und 3,5 Minuten im mittleren Gang laufen lassen.
5. Teig abgedeckt ca. 5 Minuten stehen lassen und dann in etwas Reismehl durchkneten. Wer mag, kann die Oberseite mit etwas Milch abstreichen und Sonnenblumenkerne darauf geben. In einem mit einem Tuch ausgelegten Gärkörbchen aufgehen lassen (ca. 30–40 Minuten).
6. Vorsichtig auf ein mit Backpapier ausgelegtes Blech kippen.

SO WIRD GEBACKEN

Ofen auf 220 °C Umluft aufheizen. Das Brot 20 Minuten backen. Dann die Hitze auf 200 °C herunterdrehen und weitere 30–35 Minuten backen.

TIPP

WER ES VEGAN HABEN MÖCHTE, ERSETZT DEN QUARK DURCH EINE VEGANE VARIANTE.

KARTOFFEL-BROT

ZUTATEN

FÜR 1 LÄNGLICHES BROT

100 g Kartoffelmehl
40 g Buchweizenmehl (durch Teffmehl ersetzbar)
30 g Braunhirsemehl (durch Kichererbsenmehl ersetzbar)
30 g Kastanienmehl
50 g Leinsamenmehl
50 g glutenfreies Hafermehl
150 g weich gekochte, abgekühlte Kartoffeln
30 g frische Hefe
oder 10 g Trockenhefe
350 g kaltes Wasser
7 g Salz
20 g Öl
8 g Zucker
4 g Xanthan
15 g Flohsamenschalenpulver

SCHRITTE

1. Hefe in Wasser mit Zucker auflösen und anspringen lassen.
2. Mehle mit Salz, Xanthan und Flohsamenschalenpulver vermischen.
3. Öl und zerdrückte Kartoffeln dazugeben.
4. Hefewasser dazugeben und dann 1 Minuten langsam und 3 Minuten im mittleren Gang kneten lassen.
5. Teig abgedeckt ca. 5 Minuten ziehen lassen, in etwas Reismehl rund und locker wirken, dann länglich machen. Anschließend in ein langes Gärkörbchen – mit Mehl ausstreuen – einlegen und abgedeckt in Ruhe gehen lassen.

SO WIRD GEBACKEN

Ofen auf 230 °C aufheizen, bei Umluft 20 Minuten anbacken, den Ofen kurz öffnen, um den Dampf herauszulassen und auf 195 °C noch weitere 35–40 Minuten ausbacken.

TIPP

WER DIE KRUSTE KRÄFTIGER MAG, STELLT DIE TEMPERATUR 10 °C HÖHER.

DURCH PRODUKT-AUSTAUSCH:

KOMISS-BROT

ZUTATEN

FÜR 1 KASTENFORM 30 CM

120 g Kartoffelmehl
120 g Buchweizenmehl
60 g Braunhirsemehl
50 g Leinsamenmehl
30 g Vollkornreismehl
150 g Joghurt (alternativ lactosefrei oder vegan)
30 g frische Hefe
oder 10 g Trockenhefe
320 g kaltes Wasser
9 g Salz
10 g Zucker
4 g Xanthan
18 g Flohsamenschalenpulver

SCHRITTE

1. Hefe in Wasser mit 10 g Zucker auflösen und anspringen lassen.
2. Mehle mit Salz, Xanthan und Flohsamenschalenpulver vermischen.
3. Den Joghurt und das Hefewasser dazugeben und dann 1 Minute langsam und 3 Minuten im mittleren Gang kneten lassen.
4. Teig abgedeckt ca. 5 Minuten ziehen lassen. In etwas Reismehl rund und locker wirken, dann länglich machen und in einer geölten Sandkuchenform abgedeckt in Ruhe gehen lassen.

SO WIRD GEBACKEN

Ofen auf 220 °C aufheizen, bei Umluft 20 Minuten anbacken, den Ofen kurz öffnen, um den Dampf herauszulassen, dann auf 200 °C noch 40 Minuten ausbacken.

TIPP

WER DIE KRUSTE KRÄFTIGER MAG, STELLT DIE TEMPERATUR 10 °C HÖHER.

DURCH PRODUKT-AUSTAUSCH:

MEHRKORN-BROT

ZUTATEN

FÜR 1 LÄNGLICHES ODER RUNDES BROT

Für das Brühstück

30 g Leinsamenkerne,
30 g Sesam mit 60 g heißem Wasser in einer Schüssel quellen lassen bis es kalt ist.

Für den Teig

80 g Magerquark (alternativ lactosefrei oder vegan)
320 g Wasser
140 g Kartoffelmehl
35 g Reismehl
65 g Vollkornreismehl
35 g Braunhirsemehl
15 g Leinsamenmehl
65 g glutenfreies Hafermehl
35 g frische Hefe
oder 12 g Trockenhefe
10 g Zucker
9 g Salz
14 g Flohsamenschalenpulver
5 g Xanthan

SCHRITTE

1. Mehle mit Salz, Flohsamenschalenpulver und Xanthan mischen.
2. Hefe mit dem Zucker und Wasser mischen und stehen lassen, bis sich leichte Bläschen bilden.
3. Zur Mehlmischung den Quark, die Körnermischung (Brühstück) und das Hefewasser zugeben.
4. 30 Sekunden langsam und 3,5 Minuten im mittleren Gang laufen lassen.
5. Teig abgedeckt ca. 5 Minuten stehen lassen und dann in etwas Reismehl durchkneten, das Teigstück lang machen, mit Milch abstreichen und Körner nach Wahl drauf geben. In ein Gärkörbchen (länglich), welches mit einem Küchentuch ausgelegt ist, geben.
6. Abgedeckt ca. 35–45 Minuten gehen lassen.

SO WIRD GEBACKEN

Ofen auf 220 °C Umluft aufheizen. Das Brot 20 Minuten backen und dann die Hitze auf 200 °C herunterdrehen und weitere 40–45 Minuten backen.

TIPP

WER ES VEGAN HABEN MÖCHTE, ERSETZT DEN QUARK DURCH EINE VEGANE VARIANTE.

GLUTENFREI MAISFREI VEGETARISCH EIFREI

DURCH PRODUKT-AUSTAUSCH: LACTOSEFREI VEGAN

RHEINISCHES SCHWARZBROT

ZUTATEN

FÜR 1 KASTENFORM 30 CM

100 g Leinsamenmehl
100 g Buchweizenmehl
70 g Reismehl (durch Maismehl ersetzbar)
30 g Kastanienmehl
225 g Buttermilch (alternativ lactosefrei oder vegan)
40 g Buchweizenflocken (durch Reisflocken ersetzbar)
125 g Glutenfreie kernige Haferflocken
100 g Sonnenblumenkerne
40 g Leinsamensaat
20 g frische Hefe
oder 7 g Trockenhefe
240 g Wasser
2 Teelöffel Salz
10 g Zucker
10 g Flohsamenschalenpulver

SCHRITTE

1. Hefe in Wasser mit Zucker auflösen und anspringen lassen.
2. Alle trockenen Zutaten mischen, Buttermilch und Hefewasser beigeben und 3 Minuten im mittleren Gang laufen lassen.
3. Den Teig abgedeckt ca. 20–30 Minuten ruhen lassen
4. Den Teig mit etwas Reismehl kurz ankneten und lang machen. In eine geölte Kastenform geben und abgedeckt 2 Stunden stehen lassen.
5. Nach dem Backen die Form aus dem Ofen nehmen und in ein Waschbecken kaltes Wasser einlaufen lassen. Brot aus der Form nehmen und ca. 10 Sekunden ins kalte Wasser tauchen und dann auf einem Kuchengitter komplett auskühlen lassen.

SO WIRD GEBACKEN

Ofen auf 230 °C Ober-/Unterhitze aufheizen, Brot für 20 Minuten backen. Ofen nun auf 200 °C runterstellen und weitere 45 Minuten backen.

TIPP

WER ES VEGAN ODER LACTOSEFREI MÖCHTE, KANN SICH DIE BUTTERMILCH AUCH SELBST HERSTELLEN. HIER EINFACH 220 G VEGANE MILCH NEHMEN, 10 G ZITRONENSAFT ZU GEBEN UND ÜBER NACHT IN DEN KÜHLSCHRANK STELLEN.

DURCH PRODUKT-AUSTAUSCH:

RUSTI-BAGUETTE

ZUTATEN

FÜR 2 BAGUETTES

150 g Kartoffelmehl
150 g Reisvollkornmehl
50 g Buchweizenmehl (alternativ Hirsemehl)
50 g Tapiokamehl
25 g frische Hefe
oder 9 g Trockenhefe
8 g Salz
10 g Zucker
18 g Flohsamenschalenpulver
4 g Xanthan
220 g Wasser
140 g Buttermilch (alternativ lactosefrei oder vegan)

SCHRITTE

1. Hefe mit Zucker und Wasser mischen und stehen lassen.
2. Mehle, Flohsamen, Xanthan, Salz trocken mischen.
3. Zur Mehlmischung die Buttermilch und das Hefewasser geben.
4. In der Rührmaschine 1 Minute langsam vermischen, zusammenkratzen und dann 4 Minuten im mittleren Gang laufen lassen. Abgedeckt in einer Schüssel 5–10 Minuten stehen lassen.
5. 1 Backblech mit Backpapier auslegen. Oder ein Baguetteblech nehmen.
6. Auf eine mit Buchweizenmehl bestreute Arbeitsfläche geben und in 2 Stücke abteilen. Diese rund formen und etwas länglich machen.
7. Aus dem Teigstück ein Baguette formen, dieses in etwas Buchweizenmehl wälzen und auf das Backblech legen.
8. Abgedeckt aufgehen lassen, ca. 30–40 Minuten.
9. Nach ca. 25 Minuten mit einem scharfen Messer einschneiden und weiter gehen lassen.

SO WIRD GEBACKEN

Ofen auf 220 °C Umluft aufheizen. Blech in den Ofen und 32–35 Minuten backen. Abkühlen lassen.

TIPP

WER'S VEGAN ODER LACTOSEFREI MÖCHTE UND KEINE VEGANE BUTTERMILCH HAT, MISCHT ⅔ VEGANEN JOGHURT MIT ⅓ PFLANZENMILCH (NACH WAHL).

GLUTENFREI MAISFREI VEGETARISCH EIFREI

DURCH PRODUKT-AUSTAUSCH: LACTOSEFREI VEGAN

RUSTIKALES **BAUERNBROT**

ZUTATEN

FÜR 1 RUNDES ODER KASTENBROT

150 g Kartoffelmehl
75 g Buchweizenmehl
50 g Kastanienmehl
75 g Leinsamenmehl
100 g Braunhirsemehl
200 g Buttermilch
42 g frische Hefe
oder 15 g Trockenhefe
370–380 g Wasser
10 g Salz
10 g Zucker
5 g Xanthan
18 g Flohsamenschalenpulver

SCHRITTE

1. Hefe in Wasser mit Zucker auflösen und anspringen lassen.
2. Mehle mit Salz, Xanthan und Flohsamenschalenpulver vermischen.
3. Buttermilch und Hefewasser dazugeben und dann 1 Minuten langsam 3½ Minuten im mittleren Gang kneten lassen.
4. Teig abdekcen und ca. 5 Minuten ziehen lassen, in etwas Reismehl rund wirken, in ein bemehltes, rundes Gärkörbchen oder eine runde Schüssel mit einem Tuch ausgelegen und abgedeckt in Ruhe gehen lassen.
5. Auf ein mit Backpapier ausgelegtes Backblech geben, mit etwas Mehl absieben und dann mit einem Messer wild einritzen.

SO WIRD GEBACKEN

Ofen auf 230 °C aufheizen, bei Umluft 20 Minuten anbacken, den Ofen kurz öffnen, um den Dampf herauszulassen, und auf 195 °C noch 35–40 Minuten ausbacken.

TIPP

WER DIE KRUSTE KRÄFTIGER MAG, STELLT DIE TEMPERATUR 10 °C HÖHER.

GLUTENFREI MAISFREI VEGETARISCH EIFREI

DURCH PRODUKT-AUSTAUSCH: LACTOSEFREI VEGAN

RUSTIKALES JOGHURTBROT

ZUTATEN

FÜR 1 RUNDES ODER LÄNGLICHES BROT

120 g Kartoffelmehl
50 g Buchweizenmehl
50 g Reisvollkornmehl
20 g Leinsamenmehl
20 g Reismehl
40 g Braunhirsemehl
140 g Joghurt (alternativ lactosefrei oder vegan)
30 g frische Hefe
oder 10 g Trockenhefe
250 g Wasser
7 g Salz
10 g Zucker
4 g Xanthan
14 g Flohsamenschalenpulver

SCHRITTE

1. Hefe in Wasser mit Zucker auflösen und anspringen lassen.
2. Mehle mit Salz, Xanthan und Flohsamenschalenpulver vermischen.
3. Den Joghurt dazugeben und kurz vermischen.
4. Hefewasser hinzugeben und dann 1 Minute langsam und 3 Minuten im mittleren Gang kneten lassen.
5. Teig abgedeckt ca. 5 Minuten ziehen lassen. In etwas Reismehl rund und locker wirken, dann länglich machen und in einem Brotkörbchen abgedeckt in Ruhe gehen lassen.

SO WIRD GEBACKEN

Ofen auf 220 °C aufheizen, bei Umluft 20 Minuten anbacken, den Ofen kurz öffnen, um den Dampf herauszulassen, dann auf 200 °C noch 35 Minuten ausbacken.

TIPP

WER DIE KRUSTE KRÄFTIGER MAG, STELLT DIE TEMPERATUR 10 °C HÖHER.

GLUTENFREI MAISFREI VEGETARISCH EIFREI

DURCH PRODUKT-AUSTAUSCH: LACTOSEFREI VEGAN

WALNUSS-BROT

ZUTATEN

FÜR 1 KASTENFORM 30 CM

120 g Kartoffelmehl
120 g Vollkornreismehl
60 g Braunhirsemehl
30 g Buchweizenmehl
30 g Leinsamenmehl
190 g Joghurt (alternativ lactosefrei oder vegan)
30 g frische Hefe
oder 10 g Trockenhefe
280 g kaltes Wasser
9 g Salz
10 g Zucker
4 g Xanthan
16 g Flohsamenschalenpulver
80–100 g Walnüsse

SCHRITTE

1. Hefe in Wasser mit 10 g Zucker auflösen und anspringen lassen.
2. Mehle mit Salz, Xanthan und Flohsamenschalenpulver vermischen.
3. Den Joghurt und das Hefewasser hinzugeben und dann 1 Minute langsam und 3 Minuten im mittleren Gang kneten lassen. Zum Schluss die Walnüsse unterlaufen lassen.
4. Teig abgedeckt ca. 5 Minuten ziehen lassen. In etwas Reismehl rund und locker wirken, dann länglich machen und in einer geölten Sandkuchenform abgedeckt in Ruhe gehen lassen.

SO WIRD GEBACKEN

Ofen auf 220 °C aufheizen, bei Umluft 20 Minuten anbacken, den Ofen kurz öffnen, um den Dampf herauszulassen, dann auf 200 °C noch 40 Minuten ausbacken.

TIPP

WER DIE KRUSTE KRÄFTIGER MAG, STELLT DIE TEMPERATUR 10 °C HÖHER.

GLUTENFREI · MAISFREI · VEGETARISCH · EIFREI

DURCH PRODUKT-AUSTAUSCH: LACTOSEFREI · VEGAN

WURZEL-BAGUETTE

ZUTATEN

FÜR 2 BAGUETTES

150 g Kartoffelmehl
75 g Reismehl
75 g Reisvollkornmehl
50 g Buchweizenmehl (durch Hirsemehl ersetzbar)
50 g Tapiokamehl
35 g frische Hefe
oder 12 g Trockenhefe
8 g Salz
10 g Zucker
18 g Flohsamenschalenpulver
5 g Xanthan
250 g Wasser
140 g Buttermilch (alternativ lactosefrei oder vegan)

SCHRITTE

1. Hefe mit Zucker und Wasser mischen und stehen lassen.
2. Mehle, Flohsamen, Xanthan, Salz trocken mischen.
3. Zur Mehlmischung die Buttermilch und das Hefewasser geben.
4. In der Rührmaschine 1 Minute langsam vermischen, zusammenkratzen und dann 4 Minuten im mittleren Gang laufen lassen. Abgedeckt in der Schüssel 5–10 Minuten stehen lassen.
5. 1 Backblech mit Backpapier auslegen.
6. Auf eine mit Buchweizenmehl bestreute Arbeitsfläche geben und in 2 Stücke abteilen. Diese rund formen und etwas länglich machen.
7. Aus dem Teigstück ein Baguette formen, dieses in etwas Buchweizenmehl glattdrücken und dann in sich drehen und auf das Backblech legen.
8. Abgedeckt aufgehen lassen, ca. 30–40 Minuten.

SO WIRD GEBACKEN

Ofen auf 220 °C Umluft aufheizen. Blech in den Ofen und 32–35 Minuten backen. Abkühlen lassen.

TIPP

WER'S VEGAN ODER LACTOSEFREI MÖCHTE UND KEINE VEGANE BUTTERMILCH HAT, MISCHT ⅔ VEGANEN JOGHURT MIT ⅓ PFLANZENMILCH (NACH WAHL).

BRÖTCHEN

GLUTENFREI MAISFREI VEGETARISCH EIFREI

DURCH PRODUKT-AUSTAUSCH: LACTOSEFREI VEGAN

FRÜHSTÜCKS-BRÖTCHEN

ZUTATEN

FÜR 8 BRÖTCHEN À 85 G

90 g Kartoffelmehl
90 g Vollkornreismehl
60 g Buchweizenmehl
40 g Reismehl Hell
12 g Zucker
7 g Salz
20 g Flohsamenschalenpulver
4 g Xanthan
25 g frische Hefe
oder 9 g Trockenhefe
330 g Wasser
70 g Joghurt (alternativ lactosefrei oder vegan)
Vollkornreismehl zum Kneten

SCHRITTE

1. Die Hefe mit dem Zucker und dem Wasser gut verrühren und abdecken.
2. Mehle, Salz, Flohsamenschalenpulver und Xanthan mischen.
3. Den Joghurt und das Hefewasser zur Mehlmischung geben und in der Küchenmaschine 1 Minute langsam und 4 Minuten im mittleren Gang laufen lassen. Stets, wenn benötigt, etwas zusammenkratzen.
4. Den fertigen Teig abgedeckt ca. 5 Minuten stehen lassen.
5. Während dieser Zeit ein Backblech mit Backpapier auslegen.
6. Die Arbeitsfläche mit etwas Vollkornreismehl ausstreuen und den Teig darauf geben. Zu einem Rechteck der Größe 20 × 32 cm formen. Sollte ca. daumendick sein. Die Brötchen in 8 × 10 cm große Brötchen schneiden.
7. Die Brötchen auf das Backblech geben und mit etwas Mehl absieben.
8. Wenn alle drauf sind, mit einem Tuch abdecken und ca. 35 Minuten gehen lassen. Nach ca. 20 Minuten, wenn gewünscht, einschneiden.

SO WIRD GEBACKEN

Ofen auf 210 °C Umluft mit einer feuerfesten Schale aufheizen. Brötchen in den Ofen geben, etwas Wasser in die Schale gießen und 23–25 Minuten backen.

TIPP

FALLS DIE BRÖTCHEN EINGEFROREN WERDEN SOLLEN, BITTE 2–3 MINUTEN KÜRZER BACKEN, WEGEN DES AUFBACKENS. WER ÜBERNACHTBRÖTCHEN MACHEN MÖCHTE, NIMMT NUR 12 G FRISCHE HEFE UND GIBT DEN TEIG IN EINER RECHTECKIGEN FORM ÜBER NACHT IN DEN KÜHLSCHRANK (FOTO LINKS).

GLUTENFREI MAISFREI VEGETARISCH EIFREI

DURCH PRODUKT-AUSTAUSCH: LACTOSEFREI VEGAN

KÖRNER-BRÖTCHEN

ZUTATEN

FÜR 8 BRÖTCHEN À 90 G

Für das Brühstück

25 g Leinsamenkerne, 25 g Sesam, 25 g Sonnenblumenkerne mit 50 g heißem Wasser in einer Schüssel quellen lassen bis es kalt ist

Für den Teig

70 g Magerquark
220 g Wasser
120 g Kartoffelmehl
25 g Reismehl
50 g Vollkornreismehl
25 g Buchweizenmehl
10 g Leinsamenmehl
50 g glutenfreies Hafermehl
30 g frische Hefe
oder 10 g Trockenhefe
10 g Zucker
7 g Salz
15 g Flohsamenschalenpulver
3 g Xanthan

SCHRITTE

1. Mehle mit Salz, Flohsamenschalenpulver und Xanthan mischen.
2. Hefe mit Zucker und Wasser mischen und stehen lassen, bis sich leichte Bläschen bilden.
3. Zur Mehlmischung den Quark, die Körnermischung (Brühstück) und das Hefewasser zugeben.
4. 30 Sekunden langsam und 3,5 Minuten im mittleren Gang laufen lassen.
5. Teig abgedeckt ca. 5 Minuten stehen lassen und dann in etwas Reismehl durchkneten. Das Teigstück in ein Viereck drücken. Es muss daumendick sein.
6. Oben mit Milch dünn abstreichen und Körner nach Wunsch raufstreuen. Vierecke abstechen (Brötchengröße) und auf ein Backblech legen.
7. Abgedeckt ca. 35–45 Minuten gehen lassen.

SO WIRD GEBACKEN

Ofen auf 200 °C Umluft aufheizen. Die Brötchen 22–24 Minuten backen.

TIPP

WER ES VEGAN HABEN MÖCHTE, ERSETZT DEN QUARK DURCH EINE VEGANE VARIANTE.

GLUTENFREI MAISFREI VEGETARISCH EIFREI

DURCH PRODUKT-AUSTAUSCH: LACTOSEFREI VEGAN

KORNSPITZ-STANGEN

ZUTATEN

FÜR 7–8 STANGEN
À 95–100 G

Für den Teig

70 g Magerquark
320 g Wasser
120 g Kartoffelmehl
50 g Reismehl
50 g Vollkornreismehl
60 g Buchweizenmehl
20 g Leinsamenmehl
30 g frische Hefe
oder 10 g Trockenhefe
10 g Zucker
7 g Salz
18 g Flohsamenschalenpulver
3 g Xanthan
Etwas Brotgewürz
25 g Leinsamen

Für obendrauf

Sesam und Milch zum abstreichen

SCHRITTE

1. Mehle mit Salz, Brotgewürz, Flohsamenschalenpulver und Xanthan mischen.
2. Hefe mit dem Zucker und Wasser mischen und stehen lassen, bis sich leichte Bläschen bilden.
3. Zur Mehlmischung den Quark, die Leinsamen und das Hefewasser zugeben.
4. 30 Sekunden langsam und 3,5 Minuten im mittleren Gang laufen lassen.
5. Teig abgedeckt ca. 5 Minuten stehen lassen und dann in etwas Reismehl durchkneten, je 100 g Stücke machen, etwas flachdrücken und dann aufrollen. Die Oberseite mit Milch abstreichen und Sesam aufstreuen.
6. Auf ein mit Backpapier ausgelegtes Backblech mit Abstand legen und abgedeckt ca. 35–45 Minuten gehen lassen.

SO WIRD GEBACKEN

Ofen auf 200 °C Umluft aufheizen. Die Stangen ca. 23–27 Minuten backen.

TIPP

WER ES VEGAN HABEN MÖCHTE, ERSETZT DEN QUARK DURCH EINE VEGANE VARIANTE.

GLUTENFREI MAISFREI VEGETARISCH EIFREI

DURCH PRODUKT-AUSTAUSCH: LACTOSEFREI VEGAN

KÄSE-BRÖTCHEN

ZUTATEN

FÜR 8 BRÖTCHEN À 90 G

100 g Kartoffelmehl
100 g Vollkornreismehl
40 g Braunhirsemehl oder Goldhirsemehl
40 g Reismehl hell
12 g Zucker
7 g Salz
20 g Flohsamenschalenpulver
3 g Xanthan
25 g frische Hefe
oder 9 g Trockenhefe
310 g Wasser
60 g Buttermilch (alternativ lactosefrei oder vegan)
200 g geriebener Gouda (alternativ vegan)
Vollkornreismehl zum Kneten
Milch zum Abstreichen

SCHRITTE

1. Die Hefe mit dem Zucker und dem Wasser gut verrühren und abdecken.
2. Mehle, Salz, Flohsamenschalenpulver und Xanthan mischen.
3. Die Buttermilch und das Hefewasser zur Mehlmischung geben und in der Küchenmaschine 1 Minute langsam und 4 Minuten im mittleren Gang laufen lassen. Stets, wenn benötigt, etwas zusammenkratzen.
4. Den fertigen Teig abgedeckt ca. 5 Minuten stehen lassen.
5. In der Zeit ein Backblech mit Backpapier auslegen.
6. Die Arbeitsfläche mit etwas Vollkornmehl ausstreuen und den Teig darauf geben. Alles in 90 g große Teigstücke einteilen.
7. Aus den Teigstücken Kugeln formen und auf die Arbeitsfläche legen. Die Oberseite mit Milch einstreichen und dann in den Käse drücken und auf das Backblech geben.
8. Wenn alle drauf sind, mit einem Tuch abdecken und ca. 35 Minuten gehen lassen.

SO WIRD GEBACKEN

Ofen auf 210 °C Umluft mit einer feuerfesten Schale aufheizen. Brötchen in den Ofen geben, etwas Wasser in die Schale gießen und 23–25 Minuten backen.

TIPP

FALLS DIE BRÖTCHEN EINGEFROREN WERDEN SOLLEN, BITTE 2–3 MINUTEN KÜRZER BACKEN, WEGEN DES AUFBACKENS.

DURCH PRODUKT-AUSTAUSCH:

OMAS WECKLE

ZUTATEN

FÜR 8 WECKLE À 90 G

100 g Kartoffelmehl
100 g Vollkornreismehl
80 g Buchweizenmehl
12 g Zucker
7 g Salz
18 g Flohsamenschalenpulver
4 g Xanthan
25 g frische Hefe
oder 9 g Trockenhefe
320 g Wasser
70 g Buttermilch (alternativ lactosefrei oder vegan)
Vollkornreismehl zum Kneten

SCHRITTE

1. Die Hefe mit dem Zucker und dem Wasser gut verrühren und abdecken.
2. Mehle, Salz, Flohsamenschalenpulver und Xanthan mischen.
3. Die Buttermilch und das Hefewasser zur Mehlmischung geben und in der Küchenmaschine 1 Minute langsam und 4 Minuten im mittleren Gang laufen lassen. Stets, wenn benötigt, etwas zusammenkratzen.
4. Den fertigen Teig, abgedeckt ca. 5 Minuten stehen lassen.
5. Während dieser Zeit ein Backblech mit Backpapier auslegen.
6. Die Arbeitsfläche mit etwas Vollkornmehl ausstreuen und den Teig darauf geben. Alles in 90 g große Teigstücke einteilen.
7. Aus den Teigstücken Kugeln formen und in etwas Vollkornreismehl wälzen und auf das Backblech geben.
8. Wenn alle drauf sind, mit einem Tuch abdecken und schonmal 20 Minuten gehen lassen. Dann mit einem scharfen Messer einmal oben einschneiden und nochmals gut 15–20 Minuten gehen lassen.

SO WIRD GEBACKEN

Ofen auf 210 °C Umluft mit einer feuerfesten Schale aufheizen.

Weckle in den Ofen geben, etwas Wasser in die Schale gießen und 23–25 Minuten backen.

TIPP

FALLS DIE WECKLE EINGEFROREN WERDEN SOLLEN, BITTE 2–3 MINUTEN KÜRZER BACKEN, WEGEN DES AUFBACKENS.

GLUTENFREI · MAISFREI · VEGETARISCH · EIFREI

DURCH PRODUKT-AUSTAUSCH: LACTOSEFREI · VEGAN

RÖMER-BRÖTCHEN

ZUTATEN

FÜR 7–8 BRÖTCHEN À 95–100 G

Für den Teig

70 g Magerquark
320 g Wasser
120 g Kartoffelmehl
50 g Reismehl
50 g Vollkornreismehl
60 g Buchweizenmehl
20 g Leinsamenmehl
30 g frische Hefe
oder 10 g Trockenhefe
10 g Zucker
7 g Salz
18 g Flohsamenschalenpulver
3 g Xanthan

Für obendrauf

Buchweizenmehl

SCHRITTE

1. Mehle mit Salz, Brotgewürz, Flohsamenschalenpulver und Xanthan mischen.
2. Hefe mit dem Zucker und Wasser mischen und stehen lassen, bis sich leichte Bläschen bilden.
3. Zur Mehlmischung den Quark und das Hefewasser zugeben.
4. 30 Sekunden langsam und 3,5 Minuten im mittleren Gang laufen lassen.
5. Teig abgedeckt ca. 5 Minuten stehen lassen und dann in etwas Reismehl durchkneten, je 50 g Stücke machen, diese rund machen und 2 zusammendrücken und in Mehl wälzen.
6. Auf ein mit Backpapier ausgelegtes Backblech mit Abstand legen und abgedeckt ca. 35–45 Minuten gehen lassen.

SO WIRD GEBACKEN

Ofen auf 210 °C Umluft mit einer feuerfesten Schale aufheizen. Brötchen in den Ofen geben, etwas Wasser in die Schale gießen und 23–25 Minuten backen.

TIPP

WER ES VEGAN HABEN MÖCHTE, ERSETZT DEN QUARK DURCH EINE VEGANE VARIANTE.

GLUTENFREI MAISFREI VEGETARISCH EIFREI

DURCH PRODUKT-AUSTAUSCH: LACTOSEFREI VEGAN

SONNENBLUMEN-ECKEN

ZUTATEN

FÜR 6 ECKEN

Für das Brühstück

50 g Sonnenblumenkerne mit heißem Wasser in einer Schüssel quellen lassen. Nach 1 Stunde abschütten.

Für den Teig

80 g Buttermilch
200 g Wasser
120 g Kartoffelmehl
25 g Reismehl
50 g Vollkornreismehl
25 g Buchweizenmehl
10 g Leinsamenmehl
50 g glutenfreies Hafermehl
30 g frische Hefe
oder 10 g Trockenhefe
10 g Zucker
7 g Salz
15 g Flohsamenschalenpulver
4 g Xanthan

SCHRITTE

1. Mehle mit Salz, Flohsamenschalenpulver und Xanthan mischen.
2. Hefe mit dem Zucker und Wasser mischen und stehen lassen, bis sich leichte Bläschen bilden.
3. Zur Mehlmischung die Buttermilch, die Sonnenblumenkerne und das Hefewasser zugeben.
4. 30 Sekunden langsam und 3,5 Minuten im mittleren Gang laufen lassen.
5. Teig abgedeckt ca. 5 Minuten stehen lassen und dann in etwas Reismehl durchkneten. Das Teigstück in ein Viereck drücken. Es muss daumendick sein.
6. Oben mit Milch dünn abstreichen und Sonnenblumenkerne raufstreuen. Vierecke abstechen und dann die Ecken (Brötchengröße) auf Backblech legen.
7. Abgedeckt ca. 35–45 Minuten gehen lassen.

SO WIRD GEBACKEN

Ofen auf 200 °C Umluft aufheizen. Die Brötchen 22–24 Minuten backen.

TIPP

WER ES VEGAN HABEN MÖCHTE, ERSETZT DIE BUTTERMILCH DURCH EINE VEGANE VARIANTE.

GLUTENFREI · MAISFREI · VEGETARISCH · EIFREI

DURCH PRODUKT-AUSTAUSCH: LACTOSEFREI · VEGAN

BRÖTCHEN MIT ÜBERNACHTGARE

ZUTATEN

FÜR 8 BRÖTCHEN À 90 G

100 g Kartoffelmehl
100 g Vollkornreismehl
80 g Buchweizenmehl
40 g Reismehl, hell
14 g Zucker
8 g Salz
20 g Flohsamenschalenpulver
4 g Xanthan
8 g frische Hefe
oder 3 g Trockenhefe
340 g Wasser
80 g Joghurt (alternativ lactosefrei oder vegan)
Vollkornreismehl zum Kneten

SCHRITTE

1. Die Hefe mit dem Zucker und dem Wasser gut verrühren und abdecken.
2. Mehle, Salz, Flohsamenschalenpulver und Xanthan mischen.
3. Den Joghurt und das Hefewasser zur Mehlmischung geben und in der Küchenmaschine 1 Minute langsam und 4 Minuten im mittleren Gang laufen lassen. Stets, wenn benötigt, etwas zusammenkratzen.
4. Den fertigen Teig abgedeckt ca. 5 Minuten stehen lassen.
5. Während dieser Zeit eine geölte Auflaufform richten.
6. Die Arbeitsfläche mit etwas Vollkornreismehl ausstreuen und den Teig darauf geben.
7. Den Teig daumendick in die Auflaufform geben. Der Teig sollte rechteckig sein. Jetzt mit einem Teigschaber die Brötchen abstechen und dann mit Klarsichtfolie abdecken. Form in den Kühlschrank geben.
8. Morgens die Form aus dem Kühlschrank nehmen, die Folie abziehen und das Backblech mit Backpapier auslegen. Die Brötchen nochmals vorsichtig abstechen.
9. Die Brötchen auf das Backblech geben und, wer mag, mit etwas Mehl absieben. Man kann auch Käse aufstreuen.

TIPP

MAN KANN AUCH ANSTELLE VON 8 G HEFE 25 G NEHMEN UND SIE DIREKT KOMPLETT AM GLEICHEN TAG FERTIGBACKEN.

SO WIRD GEBACKEN

Ofen auf 210 °C Umluft mit einer feuerfesten Schale aufheizen. Brötchen in den Ofen geben, etwas Wasser in die Schale gießen und 22–25 Minuten backen.

GLUTENFREI · MAISFREI · VEGETARISCH · EIFREI

DURCH PRODUKT-AUSTAUSCH: LACTOSEFREI · VEGAN

ELSÄSSER BRÖTCHEN

ZUTATEN

FÜR 7 BRÖTCHEN A 110 G

Für den Teig

110 g Kartoffelmehl
90 g Vollkornreismehl
70 g Buchweizenmehl
50 g Reismehl, hell
10 g Zucker
8 g Salz
18 g Flohsamenschalenpulver
3 g Xanthan
25 g frische Hefe
oder 9 g Trockenhefe
310 g Wasser
70 g Buttermilch (alternativ lactosefrei oder vegan)

Für die die Elsässermasse

1 Becher Schmand
1 Päckchen geriebener Gouda (200 g)
1 kleingeschnittene Zwiebel, Salz und Pfeffer

TIPP

WER MAG, KANN AUCH SPECK NOCH ZUGEBEN.

SCHRITTE

1. Die Hefe mit dem Zucker und dem Wasser gut verrühren und abdecken.
2. Mehle, Salz, Flohsamenschalenpulver und Xanthan mischen.
3. Die Buttermilch und das Hefewasser zur Mehlmischung geben und in der Küchenmaschine 1 Minute langsam und 4 Minuten im mittleren Gang laufen lassen. Stets, wenn benötigt, etwas zusammenkratzen.
4. Den fertigen Teig abgedeckt ca. 5 Minuten stehen lassen.
5. Währenddessen eine Backblech mit Backpapier auslegen.
6. Die Arbeitsfläche mit etwas Vollkornreismehl ausstreuen und den Teig darauf geben. 7 Stücke a 110 g abwiegen und erst rund und dann länglich machen und auf das Backblech legen. Abgedeckt ca. 35 Minuten gehen lassen.
7. Die Elsässermasse machen: Alles zusammen geben und vermischen.
8. Mit einem scharfen Messer der Länge nach die Brötchen oben aufschneiden und dann die Schnittfläche auseinanderklappen.
9. In die geöffneten Brötchen die Elsässermasse hineingeben.

SO WIRD GEBACKEN

Ofen auf 210 °C Umluft aufheizen.

Brötchen in den Ofen geben und 25–28 Minuten backen.

GRUND TEIGE

MÜRBETEIG (VEGAN)

GLUTENFREI · MAISFREI · VEGETARISCH · EIFREI

DURCH PRODUKT-AUSTAUSCH: LACTOSEFREI · VEGAN

ZUTATEN

FÜR 860 G TEIG

Klassische Variante

170 g Kartoffelmehl
170 g Vollkornreismehl (durch Reismehl ersetzbar)
40 g Buchweizenmehl (durch Hirsemehl ersetzbar)
20 g Sahne (alternativ lactosefrei)
1 Ei Größe M
140 g Zucker
250 g weiche Butter (alternativ lactosefrei)
Prise Salz
1 Päckchen Vanillezucker
4 g Xanthan
10 g Flohsamenschalenpulver

Vegane Variante

175 g Kartoffelmehl
175 g Vollkornreismehl (durch Reismehl ersetzbar)
40 g Buchweizenmehl (durch Hirsemehl ersetzbar)
60 g vegane Sahnealternative
140 g Zucker
250 g weiche vegane Butteralternative
Prise Salz
1 Päckchen Vanillezucker
4 g Xanthan
12 g Flohsamenschalenpulver

SCHRITTE

1. Die trockenen Zutaten in Rührschüssel mischen.
2. Die restlichen Zutaten dazugeben.
3. Im langsamen Gang alles zu einem homogenen Teig vermischen.
4. Auf einen bemehlten Teller geben, mit Folie abdecken und für mindestens 1 Stunde in den Kühlschrank stellen.
5. Vor dem Ausrollen mit etwas Reismehl kurz durchkneten.

SO WIRD GEBACKEN

Ofen auf 170–180 °C aufheizen. Backzeit variiert nach Größe.

TIPP

WER KEINE BUTTER – ODER DEREN VEGANE ALTERNATIVE – MAG, KANN MARGARINE NEHMEN. HIER RATE ICH ZU EINER ETWAS FESTEREN.

ÖL-QUARK-TEIG

ZUTATEN
FÜR 1 KG TEIG

190 g Kartoffelmehl
190 g Reisvollkornmehl
40 g Vollkornhirsemehl (durch Buchweizenmehl ersetzbar)
2 Eier Größe M
200 g Quark (alternativ lactosefrei)
22 g Backpulver
75 g Milch
Prise Salz
50 g Öl
140 g Zucker
4 g Xanthan
12 g Flohsamenschalenpulver

SCHRITTE

1. Alle trockenen Zutaten miteinander vermischen.
2. Quark, Eier, Milch und Öl beigeben und im langsamen Gang ca. 3 Minuten zu einem glatten Teig kneten.
3. Mit etwas Mehl kurz rund kneten und dann abgedeckt ca. 30 Minuten ruhen lassen.
4. Nun kann man den Teig für Kuchenformen nehmen, aber auch Teilchen, Hasen oder Weckmännchen formen.
5. Vor dem Backen mit etwas Milch abstreichen.

SO WIRD GEBACKEN

Ofen auf 170 °C Umluft oder 175 °C Ober-/Unterhitze backen. Je nach Größe zwischen 15–25 Minuten. Mit Füllungen auch noch ein paar Minuten länger.

TIPP

DIE TEIGLINGE KANN MAN FÜR EINEN SPÄTEREN GEBRAUCH GUT EINFRIEREN. DANN EINFACH AUFTAUEN LASSEN UND VERARBEITEN.

ALTERNATIV KANN AUCH EINE MEHLMISCHUNG VERWENDET WERDEN, DANN ABER XANTHAN UND FLOHSAMENPULVER WEGLASSEN.

ÖL-QUARKTEIG
VEGAN

ZUTATEN
FÜR 1 KG TEIG

185 g Kartoffelmehl
195 g Reisvollkornmehl
40 g Vollkornhirsemehl (durch Buchweizenmehl ersetzbar)
80 g zerdrückte Banane
200 g vegane Quarkalternative
24 g Backpulver
80 g Pflanzenmilch nach Wahl
Prise Salz
40 g Öl
140 g Zucker
4 g Xanthan
12 g Flohsamenschalenpulver

SCHRITTE

1. Alle trockenen Zutaten miteinander vermischen.
2. Quarkersatz, Banane, Milch und Öl beigeben und im langsamen Gang ca. 3 Minuten zu einem glatten Teig kneten.
3. Mit etwas Mehl kurz rund kneten und dann abgedeckt ca. 30 Minuten ruhen lassen.
4. Nun kann man den Teig für Kuchenformen nehmen, aber auch Teilchen, Hasen oder Weckmännchen formen.
5. Vor dem Backen mit etwas Milch abstreichen.

SO WIRD GEBACKEN

Ofen auf 170 °C Umluft oder 175 °C Ober-/Unterhitze backen. Je nach Größe zwischen 15–25 Minuten. Mit Füllungen auch noch ein paar Minuten länger.

TIPP

DIE TEIGLINGE KANN MAN FÜR EINEN SPÄTEREN GEBRAUCH GUT EINFRIEREN. DANN EINFACH AUFTAUEN LASSEN UND VERARBEITEN.

ALTERNATIV KANN AUCH EINE MEHLMISCHUNG VERWENDET WERDEN, DANN ABER XANTHAN UND FLOHSAMENPULVER WEGLASSEN.

ÖL-QUARKTEIG
PIKANT

ZUTATEN

FÜR 560 G TEIG

180 g Magerquark
85 g Milch
50 g Öl
120 g Kartoffelmehl
30 g Tapiokamehl
70 g Vollkornreismehl
50 g Buchweizenmehl
1 Päckchen Backpulver
Prise Salz
12 g Flohsamenschalenpulver
4 g Xanthan
Kräuter (optional)

SCHRITTE

1. Mehle mit Salz, Backpulver, Xanthan und Flohsamenschalenpulver mischen.
2. Die restlichen Zutaten dazugeben und im langsamen Gang 3 Minuten kneten.
3. Abgedeckt ca. 15 Minuten ruhen lassen.
4. Vor der Weiterverarbeitung kurz in Reismehl durchkneten.

SO WIRD GEBACKEN

Ofen auf 180 °C Ober-/Unterhitze aufheizen. Je nach Größe des Gebäcks wird es 20–25 Minuten gebacken.

GLUTENFREI MAISFREI EIFREI LACTOSEFREI VEGAN

PIZZA-TEIG

ZUTATEN

FÜR 1 BACKBLECH ODER 2 RUNDE PIZZEN

165 g Kartoffelmehl
100 g Reismehl
85 g Reisvollkornmehl
40 g Buchweizenmehl
12 g Flohsamenschalenpulver
5 g Xanthan
25 g Hefe
190 g Wasser
100 g Buttermilch (alternativ lactosefrei)
8 g Salz
8 g Zucker
Kräuter (optional)

SCHRITTE

1. Mehle, Xanthan, Salz und Flohsamenschalenpulver gut vermischen.
2. Die Hefe im Wasser mit dem Zucker auflösen und stehen lassen, bis sich leichte Bläschen oder ein weißer Film bildet. So ist die Hefe aktiviert.
3. Buttermilch und das Hefewasser sowie ggf. Kräuter zur Mehlmischung geben, im langsamen Gang 1 Minute und im mittleren Gang 3,5 Minuten laufen lassen.
4. Den Teig nach dem Kneten 5 Minuten abgedeckt stehen lassen. In etwas Reismehl durchkneten und entweder eckig ausrollen und auf ein Backblech legen oder 2 runde Pizzen daraus machen.
5. Den Teig dann nach Wunsch belegen und noch ca. 20–25 Minuten stehen lassen, bevor er in den Ofen kommt.

SO WIRD GEBACKEN

Ofen auf 200 °C Umluft aufheizen. Die Pizza in den Ofen geben und 25–30 Minuten backen, je nach gewünschter Bräunung.

TIPP

WER DEN BODEN HÖHER MAG, LÄSST IHN LÄNGER AUFGEHEN.

RUNDE PIZZA-BÖDEN HER-STELLEN

DURCH PRODUKT-AUSTAUSCH:

NUSSFÜLLUNG FÜR TEILCHEN **ODER ZOPF**

ZUTATEN

FÜR 400 G MASSE

2 Eiweiß

90 g Zucker

200 g gemahlene Nüsse

Prise Zimt

1 Esslöffel einer Nougatcreme

Prise Salz

SCHRITTE

1. Eiweiß mit dem Zucker etwas steif schlagen.
2. Die Nüsse, Zimt Prise Salz und die Nougatcreme untermischen.
3. Die Masse ca. 30 Minuten quellen lassen.
4. Sollte die Masse zu fest sein, kann sie mit Milch oder Wasser streichfähig gemacht werden.

TIPP

DIE GEMAHLENEN NÜSSE KÖNNEN VOR DEM GEBRAUCH GERÖSTET WERDEN. DIES ERGIBT EINEN INTENSIVEREN GESCHMACK.

(NUSS-) STREUSEL

DURCH PRODUKT-AUSTAUSCH:

ZUTATEN

FÜR 530 G STREUSEL

Variante ohne Nüsse

110 g Kartoffelmehl
20 g Buchweizenmehl
120 g Vollkornreismehl
Prise Salz
125 g weiche Butter
120 g Zucker
1 Päckchen Vanillezucker
25 g Sahne
3 g Xanthan
5 g Flohsamenschalenpulver

SCHRITTE (VARIANTE OHNE NÜSSE)

1. Mehle mit Xanthan und Flohsamenschalenpulver vermischen.
2. Weiche Butter, Zucker, Vanillezucker und Salz gut vermengen.
3. Flüssige Sahne dazugeben und kurz vermischen.
4. Mehlmischung dazugeben und am besten mit den Fingern zu Streuseln vermengen.

ZUTATEN

FÜR 560 G STREUSEL

Variante mit Nüssen

100 g Kartoffelmehl
100 g Vollkornreismehl
70 g gemahlene Nüsse
Prise Salz
125 g weiche Butter
120 g Zucker
1 Päckchen Vanillezucker
25 g Sahne
Prise Zimt
3 g Xanthan
5 g Flohsamenschalenpulver

SCHRITTE (VARIANTE MIT NÜSSEN)

1. Mehle und Nüsse mit Xanthan und Flohsamenschalenpulver und Zimt vermischen.
2. Weiche Butter, Zucker, Vanillezucker und Salz gut vermengen.
3. Flüssige Sahne dazugeben kurz vermischen.
4. Mehlmischung dazugeben und am besten mit den Fingern zu Streuseln vermengen.

TIPP

STREUSEL KANN MAN IM KÜHLSCHRANK AUF VORRAT CA. 4–6 WOCHEN STEHEN LASSEN UND NACH GEBRAUCH VERWENDEN.

KLEIN GEBÄCK

GLUTENFREI MAISFREI VEGETARISCH

DURCH PRODUKT-AUSTAUSCH: LACTOSEFREI

AMERIKANER

ZUTATEN

FÜR CA. 10–12 STÜCK

Für den Teig

2 Eier Größe M
100 g Zucker
Prise Salz
120 g weiche Butter
120 g Milch
20 g Speiseöl
3 Teelöffel Backpulver
120 g Kartoffelstärke
90 g Vollkornreismehl
40 g Buchweizenmehl
6 g Flohsamenschalenpulver
3 g Xanthan
1 Päckchen Puddingpulver, alternativ 40 g Speisestärke

Für die Glasur

Schokoladenglasur
Puderzucker für helle Glasur

SCHRITTE

1. Die Mehle mit Flohsamenschalenpulver Puddingpulver oder Speisestärke und Backpulver mischen.
2. Butter mit Zucker und Salz etwas aufschlagen, Eier nach und nach beigeben. Milch und Öl unterlaufen lassen.
3. Das Mehlgemisch mit einem Holzlöffel vorsichtig untermischen.
4. Auf 2 mit Backpapier ausgelegte Backbleche je 5–6 gleichgroße Amerikaner entweder mit Spritzbeutel aufspritzen oder mit einem Esslöffel draufgeben.
5. Im Backofen goldgelb backen.
6. Amerikaner auskühlen lassen. Nun können sie mit Schokolade oder einem Zuckerguss (Puderzucker in etwas heißes Wasser mischen, bis es streichfähig ist) garniert werden.

SO WIRD GEBACKEN

Ofen auf 180 °C Umluft aufheizen. Amerikaner 15–18 Minuten backen.

TIPP

WER EINEN ZUCKERGUSS MACHT, ACHTET BITTE DARAUF, SEHR WENIG WASSER ZU NEHMEN.

GLUTENFREI MAISFREI VEGETARISCH

DURCH PRODUKT-AUSTAUSCH: LACTOSEFREI VEGAN EIFREI

HILDA-TALER

ZUTATEN

1 Rezept Mürbeteig (S. 72)

Weitere Zutaten

Himbeer-, Johannisbeer- oder sonstige Marmelade nach Geschmack

Puderzucker zum Absieben

SCHRITTE

1. Den gekühlten Mürbeteig in etwas Reismehl kurz durchkneten.
2. Auf einer Arbeitsfläche dünn ausrollen, ca. 3–4 mm
3. Mit einem Ausstecher für jeden Hildataler 2 Stücke ausstechen und auf ein mit Backpapier ausgelegtes Blech legen. Am besten 2 Bleche nehmen, eins für die Unterteile und eins für die Oberteile.
4. Im Backofen backen und die Oberteile nach ca. 4–5 Minuten direkt mit dem Puderzucker absieben. Nach dem Abkühlen die Marmelade in einem Gefäß glattrühren. Mit einem Löffel auf die Unterteile die gewünschte Menge aufgeben und verteilen.
5. Oberteile auflegen.

SO WIRD GEBACKEN

Ofen auf 175 °C Umluft aufheizen, ca. 16–18 Minuten backen, je nach gewünschter Bräunung.

TIPP

DIE HILDATALER KÖNNEN IN VERSCHIEDENEN GRÖSSEN GEMACHT WERDEN.

GLUTENFREI MAISFREI VEGETARISCH

DURCH PRODUKT-AUSTAUSCH: LACTOSEFREI VEGAN EIFREI

MARZIPAN-MANDELSTANGEN

ZUTATEN

FÜR 12 STANGEN

Für den Teig

135 g Kartoffelmehl
135 g Vollkornreismehl (durch Reismehl ersetzbar)
30 g Tapiokastärke (durch Maismehl ersetzbar)
150 g Magerquark (alternativ lactosefrei oder vegan)
75 g Milch (alternativ lactosefrei oder vegan)
1 Ei Größe M
45 g Öl
120 g Zucker
1 Päckchen Backpulver
Prise Salz
4 g Xanthan, 8 g Flohsamenschalenpulver

Für die Füllung

300 g Marzipanrohmasse
60 g Zucker
50 g weiche Butter
Milch zum Bestreichen und gehackte Mandeln

TIPP

FÜR EINE VEGANE VARIANTE DIE ENTSPRECHENDEN ZUTATEN GEMÄSS S. 17 AUSTAUSCHEN.

SCHRITTE

1. Marzipan mit der weichen Butter und Zucker vermischen und kalt stellen.
2. Alle Zutaten für den Teig in Rührtopf geben und im langsamen Gang ca. 3 Minuten zu einem Teig verkneten. Abgedeckt ca. 15 Minuten stehen lassen.
3. Das Marzipangemisch in 12 Teile abstechen und ca. 12 cm lange Stangen rollen und wieder in Kühlschrank geben.
4. Den Teig auf einer bemehlten Fläche kurz ankneten und dann 52 × 36 cm ausrollen.
5. Mit einem Lineal jetzt die Länge 52 cm in 13 cm Stücke einteilen. Die 36 cm in 12 cm einteilen. So entstehen exakt 12 Stücke. Mit einem Pizzaroller schneiden.
6. Die Ränder dünn mit Milch einstreichen und nun die Marzipanstücke der Länge nach auf die 13 cm legen.
7. Von oben her aufrollen, dass eine Stange entsteht.
8. Die Stangen auf der Oberseite mit etwas Milch bestreichen und in den gehackten Mandeln wälzen und dann auf ein mit Backpapier ausgelegtes Backblech legen. Es ergibt 2 Bleche à 6 Stangen.

SO WIRD GEBACKEN

Ofen auf 175 °C Umluft oder 180 °C Ober-/Unterhitze aufheizen. Ca 18–20 Minuten backen, je nach gewünschter Farbe.

GLUTENFREI MAISFREI VEGETARISCH

DURCH PRODUKT-AUSTAUSCH: LACTOSEFREI

KOKOS-ORANGEN-MUFFINS

ZUTATEN

FÜR 12 MUFFINS

80 g Kokosmehl
250 g Quark
6 Eier Größe M
2 Esslöffel Öl
1 Päckchen Vanillezucker
1 Päckchen Backpulver
110 g Zucker
Prise Salz
Abrieb einer Orange

SCHRITTE

1. Alles in einer Schüssel gut vermischen, bis die Masse glatt ist.
2. Masse nun 5 Minuten stehen und ziehen lassen.
3. Muffinformen zu ca. ⅔ mit der Masse füllen.

SO WIRD GEBACKEN

Ofen auf 180 °C Ober-/Unterhitze aufheizen und dann 20–22 Minuten backen.

TIPP

WER MAG, KANN EINE BUTTERCREME HERSTELLEN UND NACH DEM ERKALTEN AUFSPRITZEN UND NOCH AUSDEKORIEREN.

BUTTERCREME-REZEPT

- 250 g weiche Butter
- 60 g Puderzucker
- Prise Salz

Zutaten in eine Schüssel geben und aufschlagen. Beim Aufschlagen 50 g kaltes bis lauwarmes Wasser langsam – am besten tröpfchenweise – mit unterlaufen lassen.

GLUTENFREI MAISFREI VEGETARISCH

DURCH PRODUKT-AUSTAUSCH: LACTOSEFREI VEGAN EIFREI

MOHN-STRUDEL

ZUTATEN

FÜR 1 STRUDEL

Für den Teig

135 g Kartoffelmehl
135 g Vollkornreismehl (durch Reismehl ersetzbar)
30 g Tapiokastärke (durch Maismehl ersetzbar)
150 g Magerquark (alternativ lactosefrei oder vegan)
75 g Milch (alternativ lactosefrei oder vegan)
1 Ei Größe M
45 g Öl
120 g Zucker
1 Päckchen Backpulver
Prise Salz
4 g Xanthan
8 g Flohsamenschalenpulver

Für die Füllung

400 g fertige Mohnfüllung nehmen, 50 g Quark und einen Esslöffel Honig untermischen. Wer mag, kann gehackte Mandeln hinzugeben.

Für die Streusel

75 g weiche Butter
50 g Zucker
75 g Kartoffelmehl
75 g Vollkornreismehl (alternativ Buchweizenmehl)

SCHRITTE

1. Zuerst die Streusel herstellen. Dazu die weiche Butter und Zucker vermischen, dann das Mehl dazugeben und vorsichtig zu Streuseln verarbeiten und in den Kühlschrank stellen.
2. Alle Zutaten für den Teig in einen Rührtopf geben und im langsamen Gang, ca. 3 Minuten, zu einem Teig verkneten. Abgedeckt ca. 15 Minuten stehen lassen.
3. Den Mohn mit dem Quark, Honig und Mandeln gut vermischen.
4. Den Teig auf einer bemehlten Fläche kurz ankneten und dann 30 × 40 cm ausrollen. Die lange Seite muss oben sein.
5. Backblech mit Backpapier ausgelegt daneben stehen haben.
6. Die Mohnmasse muss auf eine Fläche von 20 × 40 cm aufgestrichen werden, das bedeutet, die oberen 10 cm bleiben frei. Vorsichtig aufstreichen.
7. Nun von oben die 10 cm nach unten klappen und dann nochmals die zweite Schicht. So entsteht die Lage des Teiges, wie sie auf dem Bild zu sehen ist.
8. Die Stange vorsichtig auf das Blech legen, am besten von einer Ecke zur anderen, also quer. Kurz den Strang ausrichten und dann mit etwas Milch bestreichen und dann die Streusel darauf verteilen.

SO WIRD GEBACKEN

Ofen auf 175 °C Umluft oder 180 °C Ober-/Unterhitze aufheizen. Ca. 38–45 Minuten backen, je nach gewünschter Farbe.

TIPP

FÜR EINE VEGANE VARIANTE DIE ENTSPRECHENDEN ZUTATEN GEMÄSS SEITE 23 AUSTAUSCHEN.

GLUTENFREI MAISFREI VEGETARISCH

DURCH PRODUKT-AUSTAUSCH: LACTOSEFREI

NOUGAT-TALER

ZUTATEN

1 Rezept Mürbeteig (S. 72)

Weitere Zutaten

400 g Nougat
100 g Butter (vegan alternativ eine Margarine)
Blockschokolade

SCHRITTE

1. Den gekühlten Mürbeteig in etwas Reismehl kurz durchkneten.
2. Auf einer Arbeitsfläche dünn ausrollen, ca. 3–4 mm.
3. Mit einem Ausstecher für jeden Taler 2 Stücke ausstechen und auf ein mit Backpapier ausgelegtes Blech legen. Am besten 2 Bleche nehmen: eins für die Unterteile, eins für die Oberteile.
4. Im Backofen backen und auskühlen lassen.
5. Den Nougat mit der Butter aufschlagen und dann auf die Unterseite auftragen und die Oberseite darauf legen. In den Kühlschrank geben.
6. Blockschokolade auflösen und die Taler mit Schokofäden überziehen.

SO WIRD GEBACKEN

Ofen auf 175 °C Umluft aufheizen, ca. 16–18 Minuten backen, je nach gewünschter Bräunung.

TIPP

DIE NOUGATTALER KÖNNEN IN VERSCHIEDENEN GRÖSSEN HERGESTELLT WERDEN.

QUARK-APFELTALER

GLUTENFREI · MAISFREI · VEGETARISCH

DURCH PRODUKT-AUSTAUSCH: LACTOSEFREI

ZUTATEN

FÜR 10–12 STÜCK

90 g Kartoffelmehl
90 g Vollkornreismehl (durch Buchweizenmehl ersetzbar)
20 g Kichererbsenmehl (durch Hirsemehl ersetzbar)
120 g Quark (alternativ lactosefrei oder vegan)
1 Ei Größe M
80 g Zucker
1 Päckchen Vanillezucker
10 g Backpulver
25 g Öl
Prise Salz
2 Äpfel, klein geschnitten
6 g Flohsamenschalenpulver
3 g Xanthan

SCHRITTE

1. Mehle mit Salz, Backpulver, Zucker, Vanillezucker, Flohsamenschalenpulver und Xanthan vermischen.
2. Öl, Ei und den Quark dazugeben und im langsamen Gang 2–3 Minuten vermengen.
3. Die kleingeschnittenen Äpfel dazugeben und unterlaufen lassen.
4. Teig in der Schüssel, abgedeckt 10 Minuten stehen und ziehen lassen.
5. 2 Backbleche mit Backpapier auslegen und mit einem Esslöffel jeweils 10–12 gleichgroße Teighäufchen darauf verteilen.

SO WIRD GEBACKEN

Ofen auf 180 °C Ober-/Unterhitze aufheizen und dann 22–25 Minuten, je nach Gebäckgröße backen.

TIPP

WER MAG, KANN DAS GEBÄCK NACH DEM BACKEN MIT FLÜSSIGER BUTTER BESTREICHEN UND DANN IN ZIMTZUCKER WÄLZEN. AUCH KÖNNEN NOCH 60 G GEHACKTE MANDELN IN DEN TEIG GEGEBEN WERDEN.

SCHOKO-ECLAIRS

DURCH PRODUKT-AUSTAUSCH:

ZUTATEN

FÜR 8–12 STÜCK

Für den Teig

90 g Kartoffelmehl
90 g Vollkornreismehl
20 g Tapiokastärke
125 g Wasser
125 g Milch
100 g Butter
Prise Salz
Prise Zucker
7 Eier Größe M
3 g Xanthan
7 g Flohsamenschalenpulver

Für die Füllung

Sahne
Sahnesteif und Zucker
Kakaopulver

SCHRITTE

1. Mehle mit Xanthan und Flohsamenschalenpulver gut mischen.
2. Flüssigkeit in einen Topf (größerer Durchmesser) mit Salz, Zucker und der Butter zum leichten Kochen bringen.
3. Die Mehlmischung dazugeben und mit einem Kochlöffel in Bewegung halten. Nun kommt die wichtige Brandphase. Das bedeutet, der Teigbollen muss unter ständigem Rühren abgebrannt werden. Auf dem Topf des Bodens bildet sich eine Schicht, die nur hell sein soll. Jetzt den Topf direkt vom Herd nehmen, den Teig in eine Schüssel geben und etwas abkühlen lassen.
4. Die Eier müssen nun unter den Teig gerührt werden. Am besten mit einem Kochlöffel Ei für Ei untermischen, bis ein glatter Teig entsteht.
5. Mit einem Spritzbeutel mit großer Sterntülle die Eclairs auf ein mit Backpapier ausgelegtes Backblech aufspritzen. Vorsicht, beim Backen verdoppelt sich das Eclair in der Größe.
6. Nach dem Erkalten die Sahne mit etwas Zucker und Sahnesteif aufschlagen, dann nach Wunsch das Kakaopulver untermischen und die Eclairs damit füllen.

SO WIRD GEBACKEN

Ofen auf 210 °C Umluft aufheizen und 25–30 Minuten backen. Sie sollten eine schöne braune Farbe haben.

TIPP

WER MAG, KANN DEN DECKEL MIT SCHOKOLADE ÜBERZIEHEN.

GLUTENFREI MAISFREI VEGETARISCH

DURCH PRODUKT-AUSTAUSCH: LACTOSEFREI

WIND-BEUTEL

ZUTATEN
FÜR 8–12 STÜCK

Für den Teig
90 g Kartoffelmehl
90 g Vollkornreismehl
20 g Tapiokastärke
125 g Wasser
125 g Milch
100 g Butter
Prise Salz
Prise Zucker
7 Eier Größe M
3 g Xanthan
6 g Flohsamenschalenpulver

Für die Füllung
Sahne
Sahnesteif und Zucker

SCHRITTE

1. Mehle mit Xanthan und Flohsamenschalenpulver gut mischen.
2. Flüssigkeit in einem Topf (größerer Durchmesser) mit Salz, Zucker und der Butter zum leichten Kochen bringen.
3. Die Mehlmischung dazugeben und mit einem Kochlöffel in Bewegung halten. Nun kommt die wichtige Brandphase. Das bedeutet, der Teigbollen muss unter ständigem Rühren abgebrannt werden. Auf dem Topf des Bodens bildet sich eine Schicht, die nur hell sein soll. Jetzt den Topf direkt vom Herd nehmen, den Teig in eine Schüssel geben und etwas abkühlen lassen.
4. Die Eier müssen nun unter den Teig gerührt werden. Am besten mit einem Kochlöffel Ei für Ei untermischen, bis ein glatter Teig entsteht.
5. Mit einem Spritzbeutel mit großer Sterntülle die Windbeutel auf ein mit Backpapier ausgelegtes Backblech aufspritzen. Vorsicht, beim Backen verdoppelt sich der Windbeutel in der Größe.
6. Nach dem Erkalten die Sahne mit etwas Zucker und Sahnesteif aufschlagen und die Windbeutel damit füllen.

SO WIRD GEBACKEN

Ofen auf 210 °C Umluft aufheizen und 25–30 Minuten backen. Sie sollten eine schöne braune Farbe haben.

TIPP

WER MAG, KANN AUCH NOCH SAUERKIRSCHEN UNTER DIE SAHNE SCHICHTEN.

SCHOKO-MUFFINS

DURCH PRODUKT-AUSTAUSCH:

ZUTATEN

FÜR 12 MUFFINS

120 g Kartoffelmehl
120 g Vollkornreismehl (durch Buchweizenmehl ersetzbar)
200 g Joghurt (alternativ lactosefrei oder vegan)
2 Eier Größe M
100 g Zucker
1 Päckchen Vanillezucker
1 Päckchen Backpulver
90 g Öl
Prise Salz
Kakaopulver nach Wunsch
6 g Flohsamenschalenpulver und 3 g Xanthan

SCHRITTE

1. Mehle mit Salz, Backpulver, Zucker, Vanillezucker, Xanthan und Flohsamenschalenpulver vermischen.
2. Öl, Eier und den Joghurt dazugeben kurz vermischen.
3. Masse nun 5 Minuten stehen und ziehen lassen.
4. Muffinformen zu ca. ⅔ mit der Masse füllen.

SO WIRD GEBACKEN

Ofen auf 180 °C Ober-/Unterhitze aufheizen und dann 20–22 Minuten backen.

TIPP

WER MAG, KANN EINE BUTTERCREME (SEITE 88) NACH DEM ERKALTEN AUFSPRITZEN UND NOCH AUSDEKORIEREN.

GLUTENFREI · MAISFREI · VEGETARISCH

DURCH PRODUKT-AUSTAUSCH: LACTOSEFREI · VEGAN · EIFREI

KIRSCHSTREUSEL-TASCHE

ZUTATEN

FÜR 12 KIRSCHTASCHEN

1 Rezept Streusel (S. 79)
1 Rezept Öl-Quarkteig (S. 73)**,**
abgewogen in 85–90 g Stücke

Weitere Zutaten

1 Glas Kirschen
2 Esslöffel Zucker
1 Päckchen Puddingpulver, 38 g
Milch zum Einstreichen

SCHRITTE

1. Die Kirschen abgießen, den Saft mit Wasser auf 450 g auffüllen und in einem Topf mit dem Zucker und dem Puddingpulver kalt verrühren.
2. Das Ganze unter ständigem Rühren mit einem Handbesen aufkochen und dann die Kirschen untermischen. Komplett auskühlen lassen.
3. Den Ölquarkteig in 85–90 g große Stücke einteilen und alle rund wirken.
4. Mit einem Rollholz die Stücke mit etwas Reismehl ausrollen, dass sie die Form eines Eis erhalten.
5. Die Ränder mit etwas Milch dünn abstreichen. In die Mitte Kirschen geben und dann von oben nach unten die Taschen schließen. Den Rand etwas zusammendrücken.
6. 2 Bleche mit Backpapier auslegen. Darauf die Taschen verteilen.
7. Mit etwas Milch die Taschen abstreichen und nach eigenem Ermessen Streusel draufstreuen.

SO WIRD GEBACKEN

Ofen auf 180 °C aufheizen, bei Umluft 20–22 Minuten backen.

TIPP

WER MAG, KANN ZU DEN KIRSCHEN ETWAS MARZIPAN DAZUGEBEN. DIES ERGIBT EINEN TOLLEN GESCHMACK.

KLEINES SÜSSES

GLUTENFREI MAISFREI VEGETARISCH

DURCH PRODUKT-AUSTAUSCH: LACTOSEFREI VEGAN EIFREI

CASHEW-COOKIES

ZUTATEN

FÜR CA. 35–40 STÜCK

½ Rezept Mürbeteig (S. 72)

Weitere Zutaten

150–200 g Cashewkerne
1 Eigelb
20 g Milch
Prise Salz

SCHRITTE

1. Mürbeteig nach Grundrezept herstellen (halbes Rezept).
2. Die Cashewkerne hineingeben und unter den Teig vermengen.
3. Ca. 4 cm dicke Teigrollen machen und für 1 Stunde in den Kühlschrank stellen.
4. Das Eigelb mit der Milch und der Prise Salz gut vermischen (Eistreiche).
5. Die Rolle aus dem Kühlschrank holen und dünn mit der Eistreiche bestreichen.
6. Mit einem scharfen Messer mit glatter Schneide ca. 1,5 cm dicke Stücke schneiden und auf ein mit Backpapier ausgelegtes Backblech legen.

SO WIRD GEBACKEN

Ofen auf 175 °C aufheizen, bei Umluft 15 Minuten backen.

TIPP

WER ES VEGAN MAG, NIMMT DAS REZEPT FÜR DEN VEGANEN MÜRBETEIG (SEITE 72). WER KEINE CASHEWKERNE MAG, KANN AUCH MANDELN NEHMEN.

DURCH PRODUKT-AUSTAUSCH:

MANDEL-ORANGEN-BUCHWEIZEN-KEKSE

ZUTATEN

FÜR CA. 40–45 KEKSE

150 g Mandelmehl
100 g Buchweizenmehl (durch Mandelmehl ersetzbar)
100 g Zucker
1 Päckchen Vanillezucker
140 g kalte Butter (alternativ lactosefrei)
30 g Sahne (alternativ lactosefrei)
1 Ei Größe M
Prise Salz
Abgeriebene Schale einer Orange
5 g Flohsamenschalenpulver und 1 Prise Zimt

SCHRITTE

1. Alle trockenen Zutaten in einer Rührschüssel mischen.
2. Die Butter in kleinen Würfeln, die Sahne und das Ei dazugeben und auf mittlerer Stufe zu einem glatten Teig verarbeiten.
3. Teig in etwas Mehl kurz kneten, dann 2 Rollen machen, ca. 5 cm dick, und für 1 Stunde in den Kühlschrank stellen.
4. 2 Backbleche mit Backpapier auslegen, die Rollen aus dem Kühlschrank nehmen und mit einem scharfen Messer ca. ½ cm dicke Stücke abschneiden.
5. Mit ca. 3–4 Abstand auf das Backblech legen.

SO WIRD GEBACKEN

Ofen auf 180 °C Umluft aufheizen. Für ca. 12–14 Minuten goldgelb backen.

TIPP

WER MAG, KANN DIE KEKSE MIT ETWAS VERQUIRLTEM EI UND MIT 20 G MILCH BESTREICHEN UND EINE HALBE MANDEL AUFLEGEN.

GLUTENFREI · MAISFREI · VEGETARISCH

DURCH PRODUKT-AUSTAUSCH: LACTOSEFREI · VEGAN · EIFREI

SHORTBREAD-CRUNCH

ZUTATEN

Für den Teig

170 g Kartoffelmehl
160 g Vollkornreismehl (durch Reismehl ersetzbar)
50 g Buchweizenmehl
20 g Sahne (alternativ lactosefrei)
1 Ei Größe M
130 g Zucker
250 g weiche Butter (alternativ lactosefrei)
Prise Salz
1 Päckchen Vanillezucker
4 g Xanthan
10 g Flohsamenschalenpulver

Für den Crunch

1 Packung Hagelzucker

SCHRITTE

1. Alle trockenen Zutaten in Rührschüssel mischen.
2. Die restlichen Zutaten dazugeben.
3. Im langsamen Gang alles zu einem homogenen Teig vermischen.
4. Auf einen bemehlten Teller geben, mit Folie abdecken und für mindestens 1 Stunde in den Kühlschrank stellen.
5. Hagelzucker in eine Schüssel oder einen Suppenteller geben.
6. Aus dem Kühlschrank nehmen und dann ca. 150 g Stücke kurz in Reismehl durchkneten. Den Teig etwas lang machen und dann mit allen Seiten gut in den Hagelzucker drücken.
7. Auf der Arbeitsfläche den mit Zucker behafteten Teig ca. kleinen Finger dick drücken. Mit einem scharfen Messer mit glatter Schneide dünne Streifen schneiden und auf ein mit Backpapier ausgelegtes Backblech legen.

SO WIRD GEBACKEN

Ofen auf 175 °C aufheizen, bei Umluft 15–18 Minuten backen.

TIPP

WER ES VEGAN MAG, NIMMT DAS REZEPT FÜR DEN VEGANEN MÜRBETEIG (SEITE 72).

GLUTENFREI MAISFREI VEGETARISCH

DURCH PRODUKT-AUSTAUSCH: LACTOSEFREI VEGAN EIFREI

SOFTE WAFFELN

ZUTATEN

FÜR CA. 7–8 WAFFELN

115 g Kartoffelmehl
115 g Vollkornreismehl (durch Buchweizen ersetzbar)
30 g Goldhirsemehl (durch Kichererbsen oder Reismehl ersetzbar)
130 g weiche Margarine oder weiche Butter
80 g Zucker
2 Eier Größe M
200 g Milch
50 g Sahne
Prise Salz
9 g Backpulver
1 Päckchen Vanillezucker
3 g Xanthan
8 g Flohsamenschalenpulver

SCHRITTE

1. Mehle mit Backpulver, Xanthan und Flohsamenschalenpulver vermischen.
2. Margarine oder Butter mit Zucker, Vanillezucker und Prise Salz schaumig rühren. Eier nach und nach beigeben.
3. Die Milch und die Sahne mit einem Handbesen vorsichtig unterrühren.
4. Die Mehlmischung jetzt vorsichtig untermischen und dann die Masse ca. 8–10 Minuten stehen lassen.
5. Während dieser Zeit das Waffeleisen aufheizen. Mit einem Esslöffel die gewünschte Menge aufgeben und die Waffeln ausbacken.

SO WIRD GEBACKEN

Im Waffeleisen bis zum gewünschten Bräunungsgrad backen.

TIPP

WER DIE WAFFELN KNUSPRIGER MAG, KANN CA. 20–25 G MEHR ZUCKER NEHMEN.

DURCH PRODUKT-AUSTAUSCH:

WALNUSS-COOKIES

ZUTATEN

FÜR CA. 35–40 STÜCK

½ Rezept Mürbeteig (S. 72)

Weitere Zutaten

150–200 g grob gehackte Walnüsse
1 Eigelb
20 g Milch
Prise Salz

SCHRITTE

1. Mürbeteig herstellen nach Grundrezept (halbes Rezept).
2. Die gehackten Waldnüsse reingeben und unter den Teig vermengen.
3. Ca. 4 cm dicke Teigrollen machen und für 1 Stunde in den Kühlschrank stellen.
4. Das Eigelb mit der Milch und der Prise Salz gut vermischen (Eistreiche).
5. Die Rolle aus dem Kühlschrank holen und dünn mit der Eistreiche bestreichen.
6. Mit einem scharfen Messer mit glatter Schneide ca. 1,5 cm dicke Stücke schneiden und auf ein mit Backpapier ausgelegtes Backblech legen.

SO WIRD GEBACKEN

Ofen auf 175 °C aufheizen, bei Umluft 15 Minuten backen.

TIPP

WER ES VEGAN MAG, NIMMT DAS REZEPT FÜR DEN VEGANEN MÜRBETEIG (SEITE 72). WER KEINE WALNÜSSE MAG, KANN AUCH MANDELN NEHMEN.

KUCHEN

GLUTENFREI MAISFREI VEGETARISCH

DURCH PRODUKT-AUSTAUSCH: LACTOSEFREI

BADISCHER RAHMKUCHEN

ZUTATEN

FÜR 1 KUCHENFORM 26–28 CM

500–550 g vom Öl-Quarkteig-Rezept (S. 73)

Für den Rahmguss

250 g Joghurt
250 g Schmand
250 g Sahne
100 g Zucker
4 Eier Größe M
1 Päckchen Puddingpulver, 37 g
Prise Salz

Für obendrauf

Zimt, wer mag

SCHRITTE

1. Backform einfetten und mit dem Öl-Quarkteig auslegen.
2. Alle Zutaten für den Rahmguss in einer Schüssel gut vermengen.
3. Alles in die ausgelegte Kuchenform einfüllen.
4. Wer mag, kann obendrauf vorsichtig Zimt aufstreuen.

SO WIRD GEBACKEN

Ofen auf 180 °C Ober-/Unterhitze aufheizen. Kuchen in den Ofen geben und 35–40 Minuten backen.

TIPP

WER MAG, MISCHT NOCH ETWAS OBST IN DEN RAHMGUSS.

GLUTENFREI MAISFREI VEGETARISCH LACTOSEFREI

BISKUIT-OBSTBODEN

ZUTATEN

FÜR 1 OBSTBODENFORM 26–28 CM

60 g Kartoffelmehl
60 g Vollkornreismehl (durch Buchweizenmehl ersetzbar)
4 Eier Größe M
90 g Puderzucker
Prise Salz
15 g Öl
4 g Flohsamenschalenpulver
2 g Xanthan

SCHRITTE

1. Mehle mit Xanthan und Flohsamenschalenpulver mischen.
2. Die Form gut mit Margarine einfetten und dann mit Reismehl ausmehlen.
3. Die Eier trennen. Zum Eiweiß das Salz geben und steif schlagen.
4. Zum Eigelb den Puderzucker geben und ebenfalls aufschlagen.
5. Zur Eigelbmasse etwas vom Eiweiß geben und glatt unterheben. Den Rest des Eiweißes zugeben und vorsichtig mit einem Kochlöffel unterheben. Nun das Mehlgemisch genauso untermischen und kurz bevor alles gut vermischt ist, das Öl mit unterheben.

SO WIRD GEBACKEN

Im vorgeheizten Ofen auf 180 °C Umluft ca. 22–26 Minuten backen.

TIPP

WER MAG, KANN VANILLE MIT IN DIE MASSE GEBEN.

GLUTENFREI MAISFREI VEGETARISCH

DURCH PRODUKT-AUSTAUSCH: LACTOSEFREI VEGAN

BUTTERMILCH-JOGHURT-KIRSCHKUCHEN

ZUTATEN

FÜR 1 SPRINGFORM 26 CM

Für den Teig

140 g Kartoffelmehl
140 g Vollkornreismehl
20 g Kichererbsenmehl (durch Buchweizenmehl ersetzbar)
3 g Xanthan
10 g Flohsamenschalenpulver
1,5 Päckchen Backpulver
170 g Öl
140 g Buttermilch (alternativ lactosefrei oder vegan)
140 g Joghurt (alternativ lactosefrei oder vegan)
200 g Zucker
3 Eier
Prise Salz

Für den Belag

1–2 Gläser Sauerkirschen oder
700 g Süßkirschen

SCHRITTE

1. Den Boden der Springform mit Backpapier auslegen.
2. Mehle mit Backpulver, Xanthan und Flohsamenschalenpulver vermischen.
3. Die 3 Eier mit den 200 g Zucker und Prise Salz schaumig rühren.
4. Mit einem Handbesen nun zuerst das Öl vorsichtig unterheben, danach den Joghurt und dann die Buttermilch.
5. Nun das Mehlgemisch vorsichtig unterheben, dann die Masse in die Springform geben und gleichmäßig verteilen.
6. Die Kirschen nun darauf verteilen.
7. Springform in den vorgeheizten Backofen geben.

SO WIRD GEBACKEN

Ofen auf 180 °C aufheizen, bei Ober-/Unterhitze 40–45 Minuten backen.

TIPP

DER AUSGEKÜHLTE KUCHEN KANN MIT ETWAS PUDERZUCKER ABGESIEBT WERDEN. WER MAG, KANN 50 G GEHACKTE MANDELN IN DEN TEIG GEBEN.

GLUTENFREI MAISFREI VEGETARISCH LACTOSEFREI

HELLER BISKUITBODEN

ZUTATEN

FÜR 1 SPRINGFORM 26–28 CM

100 g Kartoffelmehl
100 g Vollkornreismehl (durch Buchweizenmehl ersetzbar)
6 Eier Größe M
130 g Puderzucker
Prise Salz
20 g Öl
2 g Xanthan
6 g Flohsamenschalenpulver

SCHRITTE

1. Mehle mit Xanthan, Flohsamenschalenpulver mischen.
2. Den Boden der Springform mit Backpapier auslegen.
3. Die Eier trennen. Zum Eiweiß das Salz geben und steif schlagen.
4. Zum Eigelb den Puderzucker geben und ebenfalls aufschlagen.
5. Zur Eigelbmasse etwas vom Eiweiß geben und glatt unterheben. Den Rest des Eiweißes zugeben und vorsichtig mit einem Kochlöffel unterheben. Nun das Mehlgemisch genauso untermischen und kurz bevor alles gut vermischt ist, das Öl mit unterheben.

SO WIRD GEBACKEN

Im vorgeheizten Ofen auf 175 °C Ober-/Unterhitze ca. 40–45 Minuten backen. Am besten den Stäbchentest machen.

TIPP

WER MAG, KANN VANILLE UND ZITRONENABRIEB MIT IN DIE MASSE GEBEN.

GLUTENFREI MAISFREI VEGETARISCH LACTOSEFREI

DUNKLER BISKUITBODEN

ZUTATEN

FÜR 1 SPRINGFORM 26–28 CM

100 g Kartoffelmehl
90 g Vollkornreismehl (durch Buchweizenmehl ersetzbar)
15–20 g Kakaopulver
6 Eier Größe M
130 g Puderzucker
Prise Salz
20 g Öl
2 g Xanthan
6 g Flohsamenschalenpulver

SCHRITTE

1. Mehle mit Xanthan, Flohsamenschalenpulver und Kakaopulver mischen.
2. Den Boden der Springform mit Backpapier auslegen.
3. Die Eier trennen. Zum Eiweiß das Salz geben und steif schlagen.
4. Zum Eigelb den Puderzucker geben und ebenfalls aufschlagen.
5. Zur Eigelbmasse etwas vom Eiweiß geben und glatt unterheben. Den Rest des Eiweißes zugeben und vorsichtig mit einem Kochlöffel unterheben. Nun das Mehlgemisch genauso untermischen und kurz bevor alles gut vermischt ist, das Öl mit unterheben.

SO WIRD GEBACKEN

Im vorgeheizten Ofen auf 175 °C Ober-/Unterhitze ca. 40–45 Minuten backen. Am besten den Stäbchentest machen.

TIPP

WER MAG, KANN VANILLE UND EINE PRISE ZIMT MIT IN DIE MASSE GEBEN.

GOURMET KÄSEKUCHEN

DURCH PRODUKT-AUSTAUSCH:

ZUTATEN

FÜR 1 SPRINGFORM 26–28 CM

1 Rezept Mürbeteig (S. 72)

Für die Quarkmasse

900 g Magerquark
6 Eigelb
6 Eiweiß
50 g Sahne
2 Esslöffel Maisstärke
200 g Zucker
Prise Salz
Saft einer Bio-Zitrone und Abrieb der Schale

SCHRITTE

1. Mürbeboden in der Form vorbacken, am besten eine Springform nehmen.
2. In einer Schüssel den Quark, Eigelb, Sahne, Maisstärke, Salz, Saft und Schale der Zitrone verrühren.
3. Das Eiweiß zu Schnee aufschlagen, den Zucker während des Schlagens nach und nach dazugeben zu einem Schnee, der nicht zu steif ist, aufschlagen.
4. ⅓ des Eischnees unter die Masse rühren. Den Rest locker mit dem Schneebesen mit drehenden Bewegungen unter die Masse heben und in die Backform füllen.

SO WIRD GEBACKEN

Bei 200 °C Ober-/Unterhitze 20 Minuten anbacken. Den Rand mit einem scharfen Küchenmesser einschneiden, dass er sich vom Rand löst. Die Temperatur auf 175 °C herunterschalten und weitere 15 Minuten backen. Den Kuchen aus Ofen nehmen, ca. 15 Minuten stehen lassen, bis er sich gesetzt hat. Wieder 20 Minuten backen. Diesen Schritt noch 2-mal wiederholen. Die Form mit Backpapier abdecken, dass der Kuchen nicht zu dunkel wird. Zum Schluss noch 15 Minuten fertig backen. Den Kuchen in der Form auskühlen lassen.

TIPP

STÄBCHENPROBE MACHEN.

GLUTENFREI · MAISFREI · VEGETARISCH

DURCH PRODUKT-AUSTAUSCH: LACTOSEFREI

HASELNUSS-BIRNEN-KÄSEKUCHEN

ZUTATEN

FÜR 1 SPRINGFORM 26 CM

Für die Quarkmasse

600 g Magerquark
80 g Zucker
100 g Sahne
4 Eier Größe M
30 g Puddingpulver
Prise Salz und Zitrone

Für die Streusel und den Boden

175 g weiche Butter
90 g Zucker
25 g Sahne
Prise Salz
100 g Kartoffelmehl
120 g Buchweizenmehl (alternativ Vollkornreismehl)
200 g gemahlene Nüsse
Eine Dose Birnen, in Würfel geschnitten

SCHRITTE

1. Den Boden der Springform mit Backpapier auslegen.
2. Für die Streusel die Butter mit Zucker und der Prise Salz gut vermengen. Sahne dazugeben und vermengen. Mehle und Nüsse dazugeben und zu Streusel vermengen.
3. ¾ der Streusel in die vorbereitete Backform geben und leicht andrücken. Die Birnenstücke darauf verteilen.
4. Für die Quarkmasse alle Zutaten in eine Schüssel geben und mit Handbesen glatt rühren. Es sollten keine Klümpchen drin sein. Die Quarkmasse vorsichtig auf die Birnen geben und dann etwas glatt streichen.
5. Die restlichen Streusel auf die Quarkmasse verteilen.

SO WIRD GEBACKEN

Ofen auf 180 °C Umluft aufheizen. Kuchen in den Ofen geben und 45–50 Minuten backen.

TIPP

DIE NÜSSE KÖNNEN DURCH GEMAHLENE MANDELN AUSGETAUSCHT WERDEN.

GLUTENFREI · MAISFREI · VEGETARISCH

DURCH PRODUKT-AUSTAUSCH: LACTOSEFREI

QUARK-MANDARINEN-KUCHEN

ZUTATEN

FÜR 1 KUCHENFORM 26–28 CM

500–550 g vom Öl-Quarkteig-Rezept (S. 73)

Für die Quarkmasse

750 g Quark
250 g Sahne
100 g Zucker
5 Eier Größe M
1 Päckchen Puddingpulver, 37 g
Prise Salz

Für obendrauf

1 Dose Mandarinen, abgetropft
1 Rezept Streusel (S. 79)

SCHRITTE

1. Backform einfetten und mit dem Öl-Quarkteig auslegen.
2. Alle Zutaten für die Quarkmasse in einer Schüssel gut vermengen.
3. Alles in die vorbereitete, ausgelegte Kuchenform einfüllen und verteilen.
4. Die abgetropften Mandarinen darauf verteilen.
5. Streusel darauf nach eigenem Wunsch verteilen.

SO WIRD GEBACKEN

Ofen auf 180 °C Ober-/Unterhitze aufheizen. Kuchen in den Ofen geben und 45–50 Minuten backen.

TIPP

ES KANN AUCH ANDERES OBST VERWENDET WERDEN.

MANDEL-
BISKUITBODEN

GLUTENFREI VEGETARISCH LACTOSEFREI

ZUTATEN

FÜR 1 SPRINGFORM 26–28 CM

60 g Kartoffelmehl
50 g Vollkornreismehl (durch Buchweizenmehl ersetzbar)
110 g gemahlene Mandeln
6 Eier Größe M
180 g Puderzucker
Prise Salz
20 g Öl
2 g Xanthan
5 g Flohsamenschalenpulver

SCHRITTE

1. Mehle mit Xanthan, Flohsamenschalenpulver und gemahlenen Mandeln mischen.
2. Den Boden der Springform mit Backpapier auslegen.
3. Die Eier trennen. Zum Eiweiß das Salz geben und steif schlagen.
4. Zum Eigelb den Puderzucker geben und ebenfalls aufschlagen.
5. Zur Eigelbmasse etwas vom Eiweiß geben und glatt unterheben. Den Rest des Eiweißes zugeben und vorsichtig mit einem Kochlöffel unterheben. Nun das Mehlgemisch genauso untermischen und kurz bevor alles gut vermischt ist, das Öl mit unterheben.

SO WIRD GEBACKEN

In den vorgeheizten Ofen auf 175 °C Ober-/Unterhitze ca. 40–45 Minuten backen. Am besten den Stäbchentest machen.

TIPP

WER MAG, KANN ETWAS ORANGENZESTEN MIT IN DIE MASSE GEBEN.

DURCH PRODUKT-AUSTAUSCH:

KIRSCH-STREUSEL

ZUTATEN

FÜR 1 KUCHENFORM 26–28 CM

½ Öl-Quarkteig-Rezept (S. 73)

Für die Kirschfüllung

1 Glas Sauerkirschen
2 Esslöffel Zucker
1 Päckchen Puddingpulver, 37 g

Für die Streusel

100 g weiche Butter (alternativ lactosefrei oder vegan)
70 g Zucker
15 g Sahne (alternativ lactosefrei oder vegan)
Prise Salz
100 g Kartoffelmehl
100 g Buchweizenmehl (durch Vollkornreismehl ersetzbar)

SCHRITTE

1. Die Kirschen abgießen, den Saft mit Wasser auf 450 g auffüllen und in einem Topf mit dem Zucker und dem Puddingpulver kalt verrühren.
2. Das Ganze unter ständigem Rühren aufkochen und dann die Kirschen untermischen. Alles komplett abkühlen lassen.
3. Für die Streusel die Butter mit Zucker und der Prise Salz gut vermengen. Sahne dazugeben und vermengen. Mehle dazugeben und zu Streusel vermengen. Im Kühlschrank kalt stellen.
4. Backform einfetten und mit dem Ölquarkteig auslegen.
5. Die kalte Kirschmasse in die vorbereitete Kuchenform geben und verteilen. Darauf die Streusel gut verteilen.

SO WIRD GEBACKEN

Ofen auf 180 °C Ober-/Unterhitze aufheizen. Kuchen in den Ofen und 30–35 Minuten backen.

TIPP

WER MAG, KANN VANILLE UND ZIMT IN DIE KIRSCHEN UND STREUSEL GEBEN.

JOHANNISBEER-NUSS-BAISER

ZUTATEN

FÜR 1 KUCHENFORM 28–30 CM

½ Öl-Quarkteig-Rezept (S. 73)
***oder* ½ Mürbeteig-Rezept** (S. 72)

Weitere Zutaten

750 g Johannisbeeren
200 g Zucker
5 Eiweiß von Ei Größe M
200 g gemahlene Nüsse
50 g Puddingpulver (alternativ Kartoffelmehl)
Prise Salz

SCHRITTE

1. Kuchenform mit Öl-Quarkteig oder Mürbeteig auslegen.
2. Gemahlene Nüsse mit dem Puddingpulver gut vermischen.
3. Das Eiweiß mit der Prise Salz und etwas Zucker aufschlagen. Den restlichen Zucker nach und nach dazugeben.
4. Die Johannisbeeren und die Nüsse dem Eiweiß zu geben und vorsichtig alles vermischen.
5. Die Masse nun vorsichtig in die ausgelegte Form füllen und gleichmäßig verteilen.

SO WIRD GEBACKEN

Ofen auf 180 °C aufheizen, bei Ober-/Unterhitze 50 Minuten backen.

Hier empfiehlt sich die Stäbchenprobe in der Mitte des Kuchens, um zu schauen, ob er gut ist. Notfalls noch 10 Minuten länger backen.

TIPP

KUCHEN IN DER FORM AUSKÜHLEN LASSEN UND IM ANSCHLUSS MIT PUDERZUCKER BESTÄUBEN.

GLUTENFREI MAISFREI VEGETARISCH EIFREI

DURCH PRODUKT-AUSTAUSCH: LACTOSEFREI VEGAN

MANDEL-APFEL-STREUSELKUCHEN

ZUTATEN

FÜR 1 SPRINGFORM 26–28 CM

Für den Teig

150 g Kartoffelmehl
120 g Vollkornreismehl
60 g Buchweizenmehl
175 g weiche Butter (alternativ lactosefrei oder vegan)
100 g Zucker
1 Päckchen Vanillezucker
20 g Sahne (alternativ lactosefrei oder vegan)
75 g gehackte Mandeln
Prise Salz
3 g Xanthan
6 g Flohsamenschalenpulver

Für die Füllung

4–5 Äpfel, je nach Größe, in Scheiben geraspelt
50 g gehackte Mandeln
50 g Zucker
1 Esslöffel Stärkemehl (z. B. Kartoffelmehl)
Zimt nach Geschmack

SCHRITTE

1. Den Boden der Springform mit Backpapier auslegen.
2. Mehle mit Salz, Xanthan und Flohsamenschalenpulver vermischen.
3. Die weiche Butter mit dem Zucker und Vanillezucker gut vermengen. Die Sahne dazugeben und auch gut vermengen.
4. Auf die Buttermasse nun die gehackten Mandeln und das Mehlgemisch geben und zu Streuseln verarbeiten.
5. ¾ der Streusel in die Backform füllen und gut andrücken.
6. Die Apfelscheiben mit den Mandeln, Zucker und der Speisestärke gut mischen. Die Apfelmasse in die Form füllen und dann die restlichen Streusel darüber verteilen.

SO WIRD GEBACKEN

Ofen auf 180 °C Umluft aufheizen, Kuchen in den Ofen geben und 40–45 Minuten ausbacken.

TIPP

DEN KUCHEN KOMPLETT IN DER FORM AUSKÜHLEN LASSEN.

GLUTENFREI MAISFREI VEGETARISCH

DURCH PRODUKT-AUSTAUSCH: LACTOSEFREI VEGAN

NUSSZOPF

ZUTATEN

FÜR EINEN 1 KG NUSSZOPF

600 g vom Öl-Quarkteig-Rezept (S. 73) ***oder*** **600 g vom veganen Öl-Quarkteig-Rezept** (S. 74)

1 Rezept Nussfüllung (S. 78)

Für die Glasur

Puderzucker

Etwas Zitronensaft

Heißes Wasser

SCHRITTE

1. Zuerst die Nussfüllung herstellen.
2. Den Öl-Quarkteig herstellen. 600 g davon abwiegen. Der Rest kann eingefroren werden.
3. Den Öl-Quarkteig fingerdick, quadratisch ausrollen. Darauf die Nussmasse aufstreichen.
4. Von oben nach unten aufrollen, sodass eine lange Rolle entsteht.
5. Diese nun mit einen scharfen Messer, der Länge nach aufschneiden.
6. Die Hälften aufklappen und dann übereinander legen und wickeln. Auf ein Backblech legen.
7. Nach dem erkalten, aus dem Puderzucker mit dem Saft und heißem Wasser einen Zuckerguss erstellen und den Zopf einstreichen.

SO WIRD GEBACKEN

Ofen auf 175 °C Umluft aufheizen. Zopf 35–40 Minuten backen.

TIPP

FÜR EINEN INTENSIVEREN GESCHMACK KÖNNEN DIE GEMAHLENEN NÜSSE ZUSÄTZLICH GERÖSTET WERDEN.

OMAS KÄSEKUCHEN OHNE BODEN

ZUTATEN

FÜR 1 SPRINGFORM 26 CM

1.000 g Quark
6 Eier Größe M
200 g Joghurt Natur
250 g Margarine
250 g Zucker
Prise Salz
2 Päckchen Vanillezucker
80 g Kartoffelmehl oder Puddingpulver

SCHRITTE

1. Den Boden der Springform mit Backpapier auslegen.
2. Margarine mit der Hälfte des Zuckers, Vanillezucker und Salz etwas aufschlagen und stetig die Eier dazugeben.
3. Quark und Joghurt dazugeben und kurz vermischen.
4. Den restlichen Zucker mit dem Kartoffelmehl oder Puddingpulver mischen.
5. Zuckermischung unter die Masse gut verrühren und dann die Masse in die Form füllen.

SO WIRD GEBACKEN

Ofen auf 180 °C aufheizen, bei Ober-/Unterhitze 1 Stunde auf einem Gitterost backen.

TIPP

WER MAG, LEGT VOR DEM BACKEN OBST AUF DEN KÄSEKUCHEN.

GLUTENFREI MAISFREI VEGETARISCH

TIROLER-NUSS-BISKUITBODEN

ZUTATEN

FÜR 1 SPRINGFORM 26–28 CM

60 g Kartoffelmehl
50 g Vollkornreismehl (durch Buchweizenmehl ersetzbar)
110 g gemahlene Nüsse
6 Eier Größe M
180 g Puderzucker
Prise Salz
20 g Öl
2 g Xanthan
5 g Flohsamenschalenpulver

SCHRITTE

1. Mehle mit Xanthan, Flohsamenschalenpulver und gemahlenen Nüssen mischen.
2. Den Boden der Springform mit Backpapier auslegen.
3. Die Eier trennen. Zum Eiweiß das Salz geben und steif schlagen.
4. Zum Eigelb den Puderzucker geben und ebenfalls aufschlagen.
5. Zur Eigelbmasse etwas vom Eiweiß geben und glatt unterheben. Den Rest des Eiweißes zugeben und vorsichtig mit einem Kochlöffel unterheben. Nun das Mehlgemisch genauso untermischen und kurz bevor alles gut vermischt ist, das Öl mit unterheben.

SO WIRD GEBACKEN

Im vorgeheizten Ofen auf 175 °C Ober-/Unterhitze ca. 40–45 Minuten backen. Am besten den Stäbchentest machen.

TIPP

WER MAG, KANN ZIMT MIT IN DIE MASSE GEBEN.

GLUTENFREI MAISFREI VEGETARISCH

DURCH PRODUKT-AUSTAUSCH: LACTOSEFREI

TIROLER NUSSTORTE

ZUTATEN

FÜR 1 TORTE

1 Tiroler Biskuitboden backen
(S. 146)

Für den Belag

200 g Marzipanrohmasse
50 g Puderzucker
12–16 ganze Nüsse

Für die Füllung

600 g Nougat
100 g weiche Butter

Für die Dekoration der Torte

Haselnusskrokant
Blockschokolade

SCHRITTE

1. Die Marzipanrohmasse mit dem Puderzucker verkneten und in Folie packen.
2. Den Nougat mit der Butter aufschlagen. Für 12–16 Tupfer Masse zur Seite legen.
3. Den Biskuit in der Mitte aufschneiden.
4. Von dem aufgeschlagenen Nougat ⅓ der Masse als Füllung nehmen. Die Oberseite des Biskuits auflegen und leicht andrücken.
5. Die Torte nun gut mit der Nougatmasse gut einstreichen. Die Seiten mit etwas Haselnusskrokant bestreuen.
6. Den Marzipan nun ausrollen und auf Tortengröße ausschneiden. Auf die Torte legen. Torte in 12–16 Stücke einteilen. Die Mitte mit flüssiger Schokolade einstreichen.
7. Auf die Stücke Tupfen mit einer Sterntülle machen und darauf eine Nuss setzen. Ca. 1 Stunde im Kühlschrank kühlen.

TIPP

MAN KANN DIE TORTE AUCH GANZ MIT MARZIPAN EINDECKEN. DAFÜR NIMMT MAN CA. DIE DOPPELTE MENGE MARZIPAN. DIE TORTE MUSS DANN VORGEKÜHLT SEIN.

GLUTENFREI MAISFREI VEGETARISCH

DURCH PRODUKT-AUSTAUSCH: LACTOSEFREI VEGAN EIFREI

UNGARISCHER APFELKUCHEN

ZUTATEN
FÜR 1 BACKBLECH

Für den Boden
200 g Kartoffelmehl
200 g Vollkornreismehl
50 g Kichererbsenmehl (durch Buchweizenmehl ersetzbar)
5 g Xanthan
10 g Flohsamenschalenpulver
1,5 Päckchen Backpulver
210 g Öl
210 g Milch (alternativ lactosefrei oder vegan)
200 g Zucker
3 Eier
Prise Salz

Für den Belag
5 kleingewürfelte Äpfel
100 g Zucker
100 g weiche Butter (alternativ lactosefrei oder vegan)
90 g Kartoffelmehl
90 g Reisvollkornmehl
70 g gemahlene Nüsse
2 g Xanthan

SCHRITTE

1. Backblech mit Margarine fetten und mit Reismehl bestäuben.
2. Mehle mit Backpulver, Xanthan und Flohsamenschalenpulver vermischen.
3. Die 3 Eier mit den 200 g Zucker und Prise Salz schaumig rühren.
4. Mit einem Handbesen nun zuerst das Öl vorsichtig unterheben, danach die Milch.
5. Nun das Mehlgemisch vorsichtig unterheben und dann die Masse auf das Backblechgeben und gleichmäßig verteilen.
6. Die kleingeschnittenen Äpfel darauf verteilen.
7. Die weiche Butter mit den 100 g Zucker gut vermischen.
8. Das Kartoffelmehl mit dem Reisvollkornmehl, Xanthan und den Nüssen mischen, auf die Buttermasse geben und zu Streuseln vermengen und auf dem Kuchen verteilen.
9. Blech in vorgeheizten Backofen geben.

SO WIRD GEBACKEN

Ofen auf 180 °C aufheizen, bei Ober-/Unterhitze 35 Minuten backen.

TIPP

DER AUSGEKÜHLTE KUCHEN KANN MIT ETWAS PUDERZUCKER ABGESIEBT WERDEN.

DURCH PRODUKT-AUSTAUSCH:

UNGARISCHER KIRSCHKUCHEN

ZUTATEN

FÜR 1 BACKBLECH

Für den Boden

200 g Kartoffelmehl
200 g Vollkornreismehl
50 g Kichererbsenmehl (durch Buchweizenmehl ersetzbar)
5 g Xanthan
10 g Flohsamenschalenpulver
1,5 Päckchen Backpulver
210 g Öl
210 g Milch (alternativ lactose-frei oder vegan)
200 g Zucker
3 Eier
Prise Salz

Für den Belag

350 g Quark (alternativ lactose-frei oder vegan)
70 g Zucker
1 Ei
Prise Salz
2 Gläser Sauerkirschen oder 700 g Süßkirschen

SCHRITTE

1. Backblech mit Margarine fetten und mit Reismehl bestäuben.
2. Mehle mit Backpulver, Xanthan und Flohsamenschalenpulver vermischen.
3. Die 3 Eier mit den 200 g Zucker und Prise Salz schaumig rühren.
4. Mit einem Handbesen nun zuerst das Öl vorsichtig unterheben, danach die Milch.
5. Nun das Mehlgemisch vorsichtig unterheben, dann die Masse auf das Backblech geben und gleichmäßig verteilen.
6. Die Kirschen darauf verteilen.
7. Den Quark mit dem Zucker, Ei und Prise Salz vermischen und zwischen den Kirschen gleichmäßig verteilen.
8. Blech in den vorgeheizten Backofen geben.

SO WIRD GEBACKEN

Ofen auf 180 °C aufheizen, bei Ober-/Unterhitze 35 Minuten backen.

TIPP

DER AUSGEKÜHLTE KUCHEN KANN MIT ETWAS PUDERZUCKER ABGESIEBT WERDEN.

DEFTIGE SNACKS

GLUTENFREI MAISFREI

DURCH PRODUKT-AUSTAUSCH: LACTOSEFREI

GEBACKENE HOTDOGS

ZUTATEN

FÜR CA. 9 STÜCK

1 Rezept Öl-Quarkteig pikant
(S. 75)

Für die Füllung

12 Würstchen (aus dem Glas)
Milch zum Abstreichen

Für obendrauf

Alles, was man für einen Hotdog braucht

SCHRITTE

1. Den Öl-Quarkteig rechteckig ausrollen auf ca. 39 × 45 cm.
2. Die 39 cm in 13 cm Stücke einteilen und die 45 cm in 15 cm.
3. Die Würstchen auf der Länge nach auf die 15 cm legen. Das Würstchen in den Teig aufrollen. Das Würstchen kann ruhig – wie auf dem Foto unten gezeigt – noch zu sehen sein. Dies ist auf dem Blech dann die Unterseite.
4. 2 Backbleche mit Backpapier zurechtlegen. Darauf die Hotdogs verteilen. Die Öffnung mit dem Würstchen sollte auf dem Blech liegen.
5. Vor dem Backen den Teig vorsichtig mit Milch abstreichen.

SO WIRD GEBACKEN

Ofen auf 180 °C Ober-/Unterhitze aufheizen. Die Hotdogs in den Ofen geben und 25–30 Minuten backen.

TIPP

MAN KANN DIE HOTDOGS NOCH WARM ESSEN.

DURCH PRODUKT-AUSTAUSCH:

VORGEBACKENE PINSABÖDEN

ZUTATEN

FÜR 6 PINSABÖDEN

150 g Kartoffelmehl
75 g Reismehl
75 g Reisvollkornmehl
50 g Buchweizenmehl (durch Hirsemehl ersetzbar)
50 g Tapiokamehl
25 g frische Hefe
oder 9 g Trockenhefe
8 g Salz
10 g Zucker
15 g Flohsamenschalenpulver
4 g Xanthan
180 g Wasser
180 g Buttermilch (alternativ lactosefrei oder vegan)

SCHRITTE

1. Hefe mit Zucker und Wasser mischen und stehen lassen.
2. Mehle, Flohsamen, Xanthan, Salz trocken mischen.
3. Zur Mehlmischung die Buttermilch und das Hefewasser geben.
4. In der Rührmaschine 1 Minute langsam vermischen, zusammenkratzen und dann 4 Minuten im mittleren Gang laufen lassen. Abgedeckt in einer Schüssel 5–10 Minuten stehen lassen.
5. 2 Backbleche mit Backpapier auslegen.
6. Auf eine mit Reismehl bestreute Arbeitsfläche geben und 140 g Stücke abteilen. Diese rund formen und etwas länglich machen.
7. Die Teigstückeln etwas Mehl in Form drücken – wie auf dem Bild zu sehen – und auf das Backblech legen. 3 Stück pro Blech.
8. Abgedeckt aufgehen lassen, ca. 30 Minuten.

SO WIRD GEBACKEN

Ofen auf 190 °C Umluft aufheizen. Bleche in den Ofen und 22–24 Minuten backen. Abkühlen lassen.

TIPP

DEN ABGEKÜHLTEN BODEN, DIE UNTERSEITE NACH OBEN LEGEN UND NACH WUNSCH BELEGEN UND NOCHMAL EINIGE MINUTEN BEI 220 °C BACKEN. SIEHE FOTOS AUF DER NÄCHSTEN DOPPELSEITE →

GLUTENFREI MAISFREI

DURCH PRODUKT-AUSTAUSCH: LACTOSEFREI

SCHINKEN-KÄSE-HÖRNCHEN

ZUTATEN
FÜR 8 STÜCK

1 Rezept Öl-Quarkteig pikant (S. 75)

Für die Füllung

8 × ½ Scheibe gekochter Schinken
1 Becher Schmand
8 Scheiben Gouda
Paprikapulver
Milch zum Abstreichen

Für obendrauf

Geriebener Gouda (optional)

SCHRITTE

1. Den Öl-Quarkteig rund ausrollen auf einen Durchmesser von ca. 30–35 cm.
2. Den Teig nun in 8 Stücke (wie Kuchenstücke) einteilen.
3. Die Stücke leicht mit Schmand bestreichen. Darauf je eine halbe Scheibe Schinken auflegen und darauf je eine Scheibe Gouda. Etwas Paprikapulver drüberstreuen.
4. Von der breiten Seite nach innen die Hörnchen aufrollen.
5. Die Hörnchen auf ein mit Backpapier ausgelegtes Backblech legen und mit Milch abstreichen.

SO WIRD GEBACKEN

Ofen auf 180 °C Ober-/Unterhitze aufheizen. Hörnchen in den Ofen und 20–25 Minuten backen, je nach gewünschter Bräunung.

TIPP

WER MAG, STREUT VOR DEM BACKEN NOCH GERIEBENEN GOUDA OBENDRAUF.

SCHINKEN-KÄSE-HÖRNCHEN BELEGEN UND EINROLLEN

1

2

SPECK-KÄSE-STANGEN BELEGEN UND FALTEN

GLUTENFREI MAISFREI

DURCH PRODUKT-AUSTAUSCH: LACTOSEFREI

SPECK-KÄSESTANGEN

ZUTATEN

FÜR CA. 15 STÜCK

1 Rezept Öl-Quarkteig pikant
(S. 75)

Für die Füllung

300 g Speckwürfel
1 Becher Schmand
100 g Röstzwiebeln glutenfrei
Paprikapulver
100 g geriebener Gouda

Für obendrauf

Sonnenblumenkörner, Sesam &
Milch zum Abstreichen

SCHRITTE

1. Den Öl-Quarkteig rechteckig ausrollen auf ca. 30 × 40 cm.
2. Den ausgerollten Teig dünn mit Schmand einstreichen.
3. Die 30 cm Teig in der Höhe gedanklich in 3 gleiche Stücke einteilen. Die unteren 20 ca. nun die Speckwürfel darauf verteilen. Darauf die Röstzwiebeln und den Gouda geben. Paprikapulver leicht aufstreuen.
4. Das Ganze etwas andrücken.
5. Die oberen 10 cm nun von oben her einklappen und dann nochmals den Rest. Alles gut andrücken.
6. Die Obere Seite mit etwas Milch abstreichen und darauf Körner nach Wunsch aufstreuen und auch andrücken. Dünne Streifen schneiden.
7. 2 Backbleche mit Backpapier zurechtlegen. Darauf die Stangen verteilen. Vor dem Auflegen leicht drehen, siehe Bild.

SO WIRD GEBACKEN

Ofen auf 180 °C Ober-/Unterhitze aufheizen. Hörnchen in den Ofen geben und 25–30 Minuten backen, je nach gewünschter Bräunung.

TIPP

MAN KANN AUCH EINE SEITE MIT KÖRNERN UND DIE ZWEITE MIT KÄSE BESTREUEN.

GLUTENFREI · MAISFREI · VEGETARISCH · EIFREI

DURCH PRODUKT-AUSTAUSCH: LACTOSEFREI · VEGAN

CALZONE

ZUTATEN

FÜR 2 CALZONE

Für den Teig

165 g Kartoffelmehl
100 g Reismehl
85 g Reisvollkornmehl
40 g Buchweizenmehl
12 g Flohsamenschalenpulver
5 g Xanthan
25 g Hefe
230 g Wasser
50 g Buttermilch (alternativ lactosefrei)
8 g Salz
8 g Zucker
Kräuter (optional)

Für die Füllung

Alles, was man in eine Calzone füllen mag

SCHRITTE

1. Mehle, Xanthan, Salz und Flohsamenschalenpulver gut vermischen.
2. Die Hefe im Wasser mit dem Zucker auflösen und stehen lassen, bis sich leichte Bläschen oder ein weißer Film bildet. So ist die Hefe aktiviert.
3. Buttermilch und das Hefewasser sowie ggf. Kräuter zur Mehlmischung geben, im langsamen Gang 1 Minute und im mittleren Gang 3,5 Minuten laufen lassen.
4. Den Teig nach dem Kneten in 2 gleichgroße Teigstücke abtrennen und rund machen. 5 Minuten abgedeckt stehen lassen. In etwas Reismehl dann rund ausrollen. Je Calzone auf ein mit Backpapier ausgelegtes Backblech legen und dort fertigmachen.
5. Die Calzone nach Wunsch füllen und dann zuklappen. Den Rand nach innen etwas falten.

SO WIRD GEBACKEN

Ofen auf 200 °C Umluft aufheizen. Die Calzone in den Ofen und 25–30 Minuten backen. Je nach gewünschter Bräunung.

TIPP

WER DEN BODEN DICKER MAG, LÄSST IHN LÄNGER AUFGEHEN.

CALZONE FÜLLEN UND EINKLAPPEN

ZWIEBELKUCHEN-TARTELETTES HERSTELLEN

GLUTENFREI MAISFREI

DURCH PRODUKT-AUSTAUSCH: LACTOSEFREI

ZWIEBELKUCHEN-TARTELETTES

ZUTATEN

FÜR 12 TARTELETTES

1½ Rezept Öl-Quarkteig pikant
(S. 75)

Für die Füllung

500 g Zwiebeln geschnitten
100 g Speck
1 Esslöffel Öl
1,5 Esslöffel Butter
4 Eier Größe M
140 g Sahne
1 Esslöffel Kartoffelmehl
140 g geriebener Käse
Prise Salz
Muskat
Pfeffer

SCHRITTE

1. Zuerst die Füllung, Butter und Öl in einem Topf geben und aufheizen, Zwiebeln mit Speck dazugeben und gut anschwitzen.
2. Während dieser Zeit Eier, Sahne und Gewürze verquirlen.
3. Topf vom Herd nehmen, die Eiermasse hinzufügen und gut verrühren. Mehl dazugeben und wieder gut verrühren. Evtl. etwas nachwürzen. Topf auf die Seite stellen.
4. Teig herstellen, 80 g Stücke rund wirken. Förmchen mit Margarine einstreichen und dann die Teigstücke ausrollen und in die Tarteletteformen einlegen. Formen im Kühlschrank lagern.
5. Wenn die Zwiebelmasse lauwarm bis kalt ist, in die Förmchen füllen.
6. Käse drüberstreuen.

SO WIRD GEBACKEN

Ofen auf 200 °C aufheizen, bei Umluft 20–25 Minuten backen.

TIPP

ES KÖNNEN NOCH KRÄUTER IN DIE ZWIEBELMASSE HINZUGEFÜGT WERDEN.

fiber HUSK
Konditormei